JN017778

ニューノーマル研究会 編

小学館

はじめに

まずはじめにクイズです。以下の5人の警察官を偉い順に並べてみて下さい。

1、『相棒』の杉下右京（水谷豊）
2、『臨場』の倉石義男（内野聖陽）
3、『踊る大捜査線』の青島俊作（織田裕二）
4、『踊る大捜査線』の真下正義（ユースケ・サンタマリア）
5、『あぶない刑事（デカ）』の大下勇次（柴田恭兵）

正解は4、2、1、3、5の順です。ただ、いわゆる警察キャリアの真下正義（杉下右京もキャリア採用ですが特殊事情あり）と他の4人の間には、給料や待遇、とくに出世スピードにおいて、驚くほどの格差があります。生涯賃金は青島俊作でざっと3億円程度、真下正義は天下りを含めて7億～8億円というところでしょうか（詳しくは14ページからの記事をお読み下さい）。

こんな風に同じ職業や業界でも、マネーや待遇の格差は天国と地獄ほどの開きがあります。とくにプロ野球や芸能界など、華やかな仕事になればなるほど、その格差には悲喜こもごものエピソードあり。さらに、私たちの命に関わる病院や介護施設も、ピンとキリでは大違いなのです。

本書では、73の仕事・業界のマネー格差について徹底調査しました。

ニューノーマル研究会

もくじ

エンタメ界のマネー格差……56

警察官の天国と地獄

キャリアは警部補スタートの超特急
ノンキャリアは定年時警部補も普通

杉下右京と〝こち亀〟両さんの立ち位置とは？

『踊る大捜査線』『相棒』など、警察モノは数あるドラマのジャンルの中でもとりわけ人気が高い。作中では「キャリア」と「ノンキャリア」という言葉が頻出するが、この階級こそ、警察官の世界における天国と地獄なんだとか。

警察官の採用には、本庁たる警察庁に入庁する国家公務員と、警視庁（東京都警察本部）および各道府県の警察本部が採用する地方公務員がある。『踊る大捜査線』でたとえると、柳葉敏郎が前者で「キャリア」、織田裕二が後者で「ノンキャリア」と呼ばれていると言えば、わかりやすいだろうか。

ノンキャリアで警視庁の警察官となり、警視まで上って中途退職、その後は作家として活躍する濱嘉之（はまよしゆき）氏が語る。

東京都千代田区霞が関2丁目、手前が警視庁で奥が警察庁だ。「警視庁と警察庁はお隣同士ってこともあって交流が盛ん。だからサッチョウ（警察庁）の悪い噂もかなり深いところまで入ってくるんです（笑）」（濱嘉之氏）

「警察官のキャリアは国家公務員総合職採用試験にパスした者。自ずと一流大学の卒業生が多い。全国には警察官が30万人ほどいるのですが、キャリアはその0・2％ほど。採用後は警部補からスタートで警察庁ほか、警視庁や全国の道府県警本部を巡って出世していくわけです」

一方、ノンキャリアは採用後に警察学校に入学。卒業と同時に各部署へ配置となり、巡査という階級から警察官人生をスタートする。出世するためには昇進試験の結果が物を言う。

激務の合間を縫って試験対策に励み、見事昇進しても、ノンキャリアの昇進はごく一部の例外を除いて「警視正」まで。それどころか現実は、昇進試験をパスして巡査→巡査部長→警部補→警部へと上り詰めても、警部から上に出世するには上司の推薦が必要となる。そのため警視正は極めて狭き門だ。警部補で定年退職を迎えるケースも珍しくない。ノン

キャリアは超特急で出世

キャリアが出世に苦しむなか、キャリアは警察官人生を警部補の階級からスタートできる。ノンキャリアの夢のゴール地点たる警視正には、キャリアであれば35歳前後で到達する。

実際のキャリアの生活を少しだけ具体的に整理しておく。

試験に合格し、警部補として入庁後、人事院と警察大学校で約5カ月の研修を受ける。その間に警察行政や捜査のイロハはもちろん拳銃の扱い方や柔道、剣道などの訓練も受ける。ノンキャリアのように交番勤務もここで経験する。

そして神奈川や大阪、福岡など大都市圏の県警で1年ほど過ごすことになる。

24歳前後で警部に昇進し、2～3年は警察庁の各課に配属され、係長として勤務する。

30歳前後で警視となり、警察庁と警視庁や各道府県警、または他の官庁を行ったり来たりして管理職としての経験を積む。

35歳前後で前述のように警視正に昇進する者が出始める。

40歳くらいになると小さな県警のナンバー2である警務部長などを務める者が出てくる。

45歳前後で警視長に昇進し、大規模府県の警務部長や管区警察局の部長などを務める。

50歳手前になると小規模な県警の本部長や警察庁の課長になる者も出始める。

「ちなみに大規模府県というのは、福岡や京都、大阪など政令指定都市を含む地域や、宮城県、埼玉県や、千葉県など全国の12県警のことです」（濱氏）

かようにキャリアの出世すごろくは優遇されているのだ。ただ、各地の県警を行ったり来たりはするものの、どこでもお客さん扱いだ。現場経験の少ないキャリアは多い。

濱氏は次のように語る。

「キャリアだからって仕事ができる人材ばかりじゃない。警察庁に採用され、全国の警察

ノンキャリアの出世には高い壁あり

警察ドラマの階級早見表

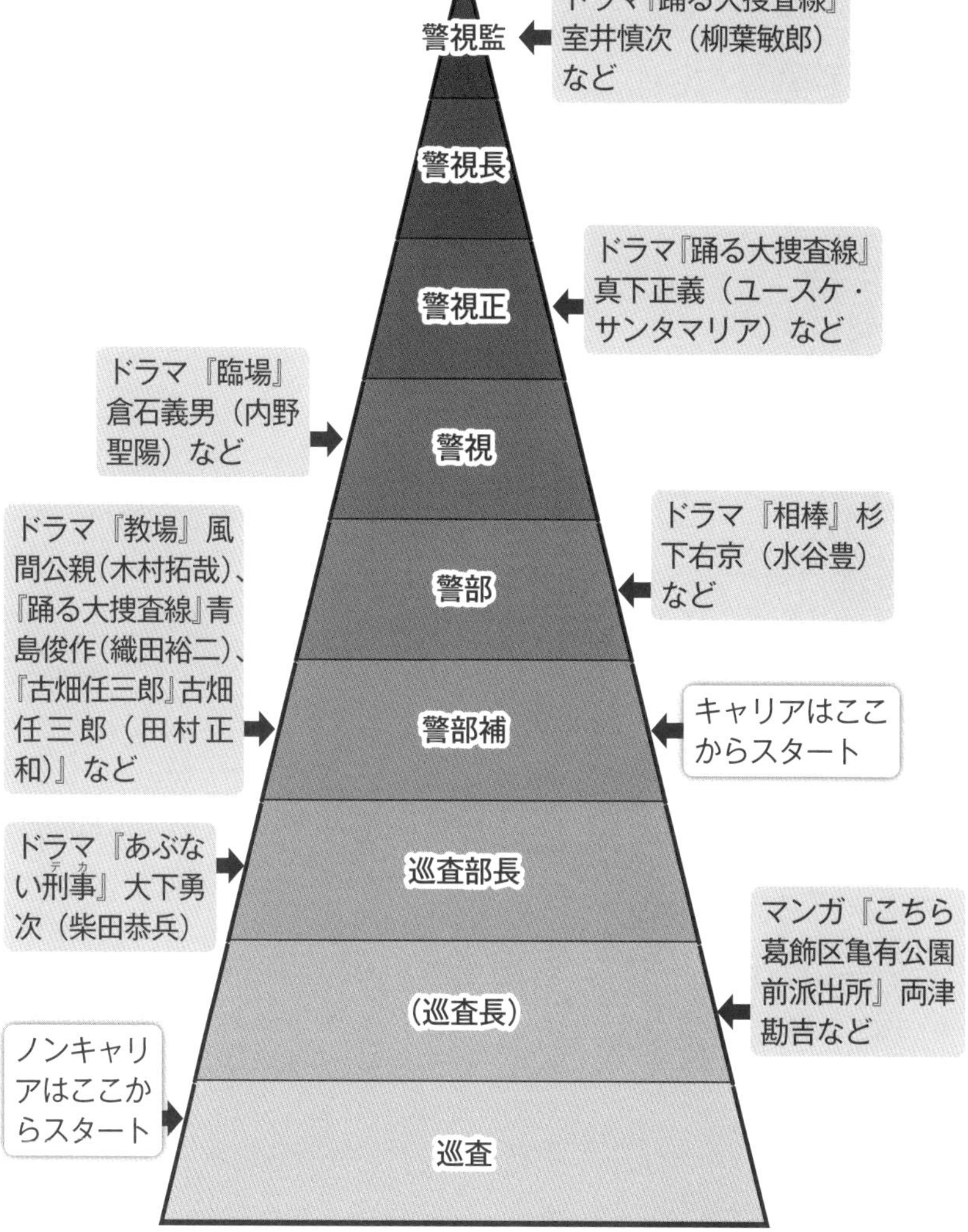

階級	ドラマ・マンガの登場人物
警視監	ドラマ『踊る大捜査線』室井慎次（柳葉敏郎）など
警視長	
警視正	ドラマ『踊る大捜査線』真下正義（ユースケ・サンタマリア）など
警視	ドラマ『臨場』倉石義男（内野聖陽）など
警部	ドラマ『相棒』杉下右京（水谷豊）など
警部補	ドラマ『教場』風間公親（木村拓哉）、『踊る大捜査線』青島俊作（織田裕二）、『古畑任三郎』古畑任三郎（田村正和）』など キャリアはここからスタート
巡査部長	ドラマ『あぶない刑事（デカ）』大下勇次（柴田恭兵）
（巡査長）	マンガ『こちら葛飾区亀有公園前派出所』両津勘吉など
巡査	ノンキャリアはここからスタート

「巡査長」は正式な階級ではなく、巡査のうち成績優秀・経験豊富な者に与えられる称号

の本部長などを経験して出世の階段を上るのがキャリアですが、著しく仕事ができなかったり、人格的に難のある人間は警察庁から出してもらえない。たとえばそういう人間を警視庁に出向させようとしても、現場のノンキャリアが抵抗します。全警察官30万人中５５０～６００人がキャリアでそれ以外はノンキャリアです。警察組織を動かしているのはノンキャリアだといえる。彼らの意向を汲み取らないと組織は回らないのです。おかげでサッチョウ（警察庁）で飼い殺しのキャリアもいたりします」（濱氏）

　不祥事で転落するキャリアも多い。天国生活から転げ落ちるのだから地獄の底は深い。

「私が警部補だったころ、警視庁にやってきたあるキャリアに嫌われましてね。あんなヤツは辞めさせろ、みたいなことを平気で言う男でした。こういう場合、喧嘩しても仕方ない。処分されるのはノンキャリアの私のほうですから。まぁ、キャリアはすぐに配属替えがあるので、しばらく我慢したらいなくなってくれるからいいけどね。その男は後に愛人関連の問題を起こして警察以外の関連組織に出向させられ、結局戻ってこられなかった」（濱氏）

　キャリアの場合、トップの警察庁長官まで上り詰めると年収は２４００万円にも達する。ただノンキャリアは各地方自治体の懐具合によって増減するので一概には言えないが、人気マンガ『こちら葛飾区亀有公園前派出所』の主人公・両津勘吉は巡査長で40歳前後、年収は概ね４００万円といったところ。ドラマ『相棒』の杉下右京はキャリア入庁だが出世に興味がなく、万年警部の設定だ。年齢的に管理手当なども付くと思われ、年収は８００万～８５０万円といったところ。昇進より現場で市民の安全を守ることの方が好き。そんな警官が現実世界にもいると信じたい。

警視庁と他の道府県警察「階級と役職」の違い

警察組織は階級と役職が分かれている。警視庁と他の道府県警察とでは同じ階級でも就ける役職に違いがある

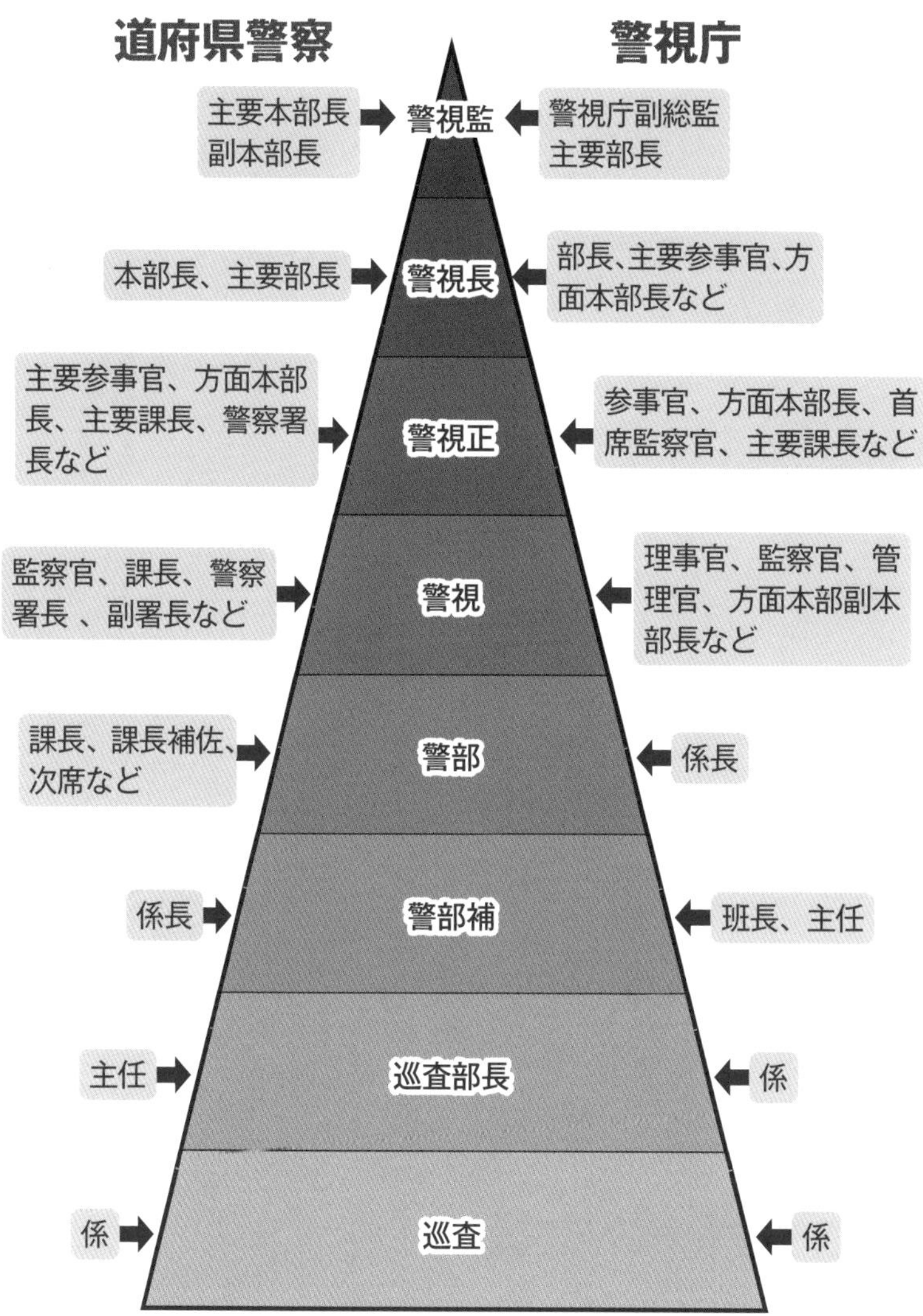

弁護士は厳しい実力社会

依頼殺到の「ブル弁」が億を稼ぐ一方 事務所間借りの「ノキ弁」も多数

法律に関する高い専門知識を持ち、人々が抱える〝悩みごと〟を解決する弁護士。超難関試験をパスして弁護士バッジを手に入れれば、バラ色の人生が送れた時代も今は昔。現代は、完全実力主義のハードな世界になっているという。

高収入のイメージが強い弁護士だが、扱う案件の種類や内容、収入によって細分化され、異なる通称を持っている。

「業界内でも雲の上の存在なのがブル弁（ブルジョワ弁護士）です。彼らの多くは日本の4大事務所をはじめ、外資系企業と提携している事務所で活躍しており、M&Aの仲介や大企業の特許訴訟など、複数の大口案件を掛け持ちするような、一握りのトップ層は億を稼いでいますね」（現役弁護士）

日本弁護士連合会が2020年に行った調査によると、弁護士の年収中央値は1437万円。日本の年収中央値の400万円前後の3倍以上だ。しかし実際には、1000万円

収入は青天井の敏腕弁護士

弁護士の略称解説

名称	説明
ブル弁	「ブルジョワ弁護士」の略。大企業を顧客に持ち、企業買収や国際商取引を多く手掛け、高収入を約束された弁護士のこと
ノキ弁	「軒先を借りる」弁護士というところからついた名称。先輩弁護士などの事務所を間借りし、仕事をする。事務所との雇用関係はない
イソ弁	「居候弁護士」をつづめた名称。一般的には弁護士事務所に雇用されている弁護士のことを言う
タク弁	自宅で開業した弁護士。雇われることもなく、頼れる事務所もない。仕方なく自宅で開業したなど、ネガティブなイメージ
マチ弁	街の弁護士。事務所は小規模、中小企業や個人間のトラブルなどを扱う弁護士に対する親しみを込めた名称
ヤメ検	検察官を辞めて弁護士になった人を指す。同じ司法試験でも裁判官の方が上というのが一般のイメージ。だからって腕がいいとは……

月数件の依頼で食いつなぐ弁護士も

を超えるのも難しいシビアな実力社会に突入しているという。

「00年頃に導入された司法制度改革により、司法試験合格者が急増した影響が大きい。弁護士法人に正社員登用されるケースもありますが、個人事務所を間借りする『ノキ弁』も多くいます。ノキ弁は事務所と業務委託契約を結んだ個人事業主で、自ら刑事事件の国選弁護人をしたり、個人の事件を獲得したりして600万円前後の年収を得るのが一般的。その分、弁護士としての腕はもちろん、営業力やサービス精神も要求されます」（同前）

こうした背景から、顧客獲得の段階から苦心する弁護士も多い。

また、過疎地域では国選弁護案件が少なく、月数件の依頼を受けるのみというケースもある。

苦労して最難関試験を突破しても、厳しい競争社会を生き抜かなければならないのだ。

検事総長になれば年収3000万円 新米の基本給は会社員並みの23万円

ドラマ『HERO』にはほど遠い？

木村拓哉主演で大ヒットした検察ドラマ『HERO』。キムタクの歯に衣着せぬ物言いと、正義を貫き果敢に悪事を暴く姿に多くの視聴者が夢中になったが、実際の検事の実態はドラマにはほど遠いようで。

検察官の給与体系は他の国家公務員と同じく俸給制だが、その内容は独自の法律（検察官の俸給等に関する法律）によって定められている。検察官は検事と副検事に区分され、検事は1号～20号、副検事は1号～17号というランクによって報酬が決まる。試験を受けて昇給すると「号」の等級も上がっていく仕組みだ。検事は司法試験合格後に司法修習を受け、検事採用面接に合格することで与えられる資格。一方、副検事は、国家公務員試験一般職合格後、検察事務官などを一定期間務めたのちに試験に合格した者に与えられる資格で、ドラマ『HERO』第1期で松たか子が演じていた役は、検察事務官にあたる。

検事2号で年収2000万円超

検事の年収

	俸給·地域手当(月額)	期末手当·勤勉手当	合計年収額
検事総長	175万9200円	829万9758円	2941万158円
東京高等検察庁検事長	156万2400円	737万1272円	2612万72円
次長検事	143万8800円	678万8138円	2405万3738円
検事(1号)	141万円	665万2262円	2357万2262円
検事(2号)	124万2000円	585万9652円	2076万3652円
検事(3号)	115万8000円	546万3346円	1935万9346円
検事(4号)	98万1600円	463万1106円	1641万306円
検事(5号)	84万7200円	399万7018円	1416万3418円

地域手当に年に２回のボーナス、さらに勤勉手当など、各種手当も充実している。

激務と給与の低さに失望

同じ検察官でも検事と副検事では年収に大きな差がある。たとえば検事で最もランクが低い20号は、月の俸給（基本となる給与）が23万４９００円。それに加えて住居手当、扶養手当、通勤手当、ボーナス、官舎の利用など一般的な公務員と同じように福利厚生も充実している。検事トップの１号になると月給は１４１万円。各種手当もつき老後も安泰。多くの検察官はこのゴールを目指して、年齢とともに地道に昇給を重ねていくわけだ。さらに最高位の検事総長になると月収は１７５万９２００円となり、各種手当も含めると最高裁判事や国務大臣と同等の年収約３０００万円という破格の金額となる。

「弁護士人気が高かったバブル時代は定員を確保することに苦労したらしいですが、ドラマ『ＨＥＲＯ』の影響で志望者が増えてからは安定した人気があります。弁護士と比較すると女性比率も高く、働きやすい。資格や経歴を活かして弁護士に転身する通称『ヤメ検』や、名だたる企業の取締役や監査役に再就職する人も多く、たとえ検察官を辞めてもキャリアチェンジが比較的容易な点も支持される理由です」（50代女性・地方検事）

一方で、副検事の初任給は最も低い17号で21万５８００円と、一般的な大卒会社員の初任給よりもやや高い程度。また検事総長は年収約３０００万円と述べたが、実際多くの検察官は最初から検事総長を目標とすることはないようだ。

ちなみに『ＨＥＲＯ』で木村拓哉が演じた検事の久利生公平は、高校中退から大学検定試験を受けて司法試験に合格した変わり種。

シリーズにより設定年齢に開きがあるがストーリーの展開上、検事6号程度と推察され、年収は約１２７１万円。松たか子演じる雨宮舞子は検察事務官で、年収は約４２０万円だ。

「検事総長や高検検事長に上り詰めるのは、かなりの狭き門。歴代検事総長の多くは、任官数年以内に法務省入りしてキャリアの大半を過ごしている通称『赤レンガ組』です。どの公務員にも言えるかもしれませんが、現場組と組織を管理する幹部の間には大きな壁が存在するのです。２０１０年に発覚した大阪地検特捜部の証拠改ざん隠蔽事件では厳粛でクリーンな検察へのイメージが変わり、世間の風当たりも強くなりました」（同前）

「特捜部」とは東京、大阪、名古屋の地方検察庁に設置されている特別捜査部の略称で、汚職や企業犯罪などの独自捜査を行う、いわば検察の看板部署。そんな最強捜査機関のエリート検事が証拠改ざんに手を染めたという不祥事は世の中だけではなく、多くの検察官にとっても衝撃だったに違いない。

『ＨＥＲＯ』に憧れ、理想を追い求めて検察官になった人ほど、失望しやすい業界なのかもしれない。

検察官までの道のり

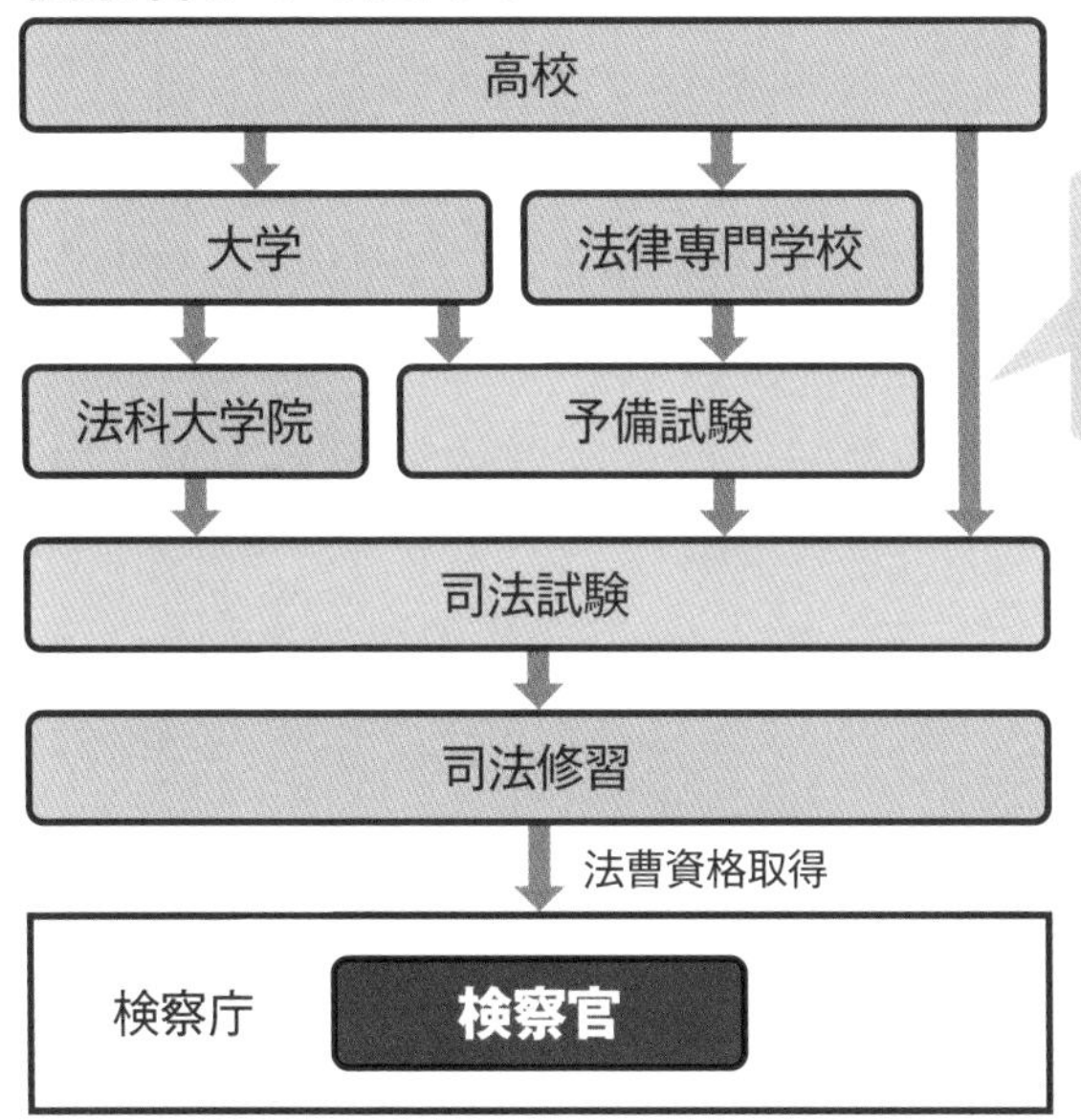

ドラマ『HERO』の久利生公平（木村拓哉）はここ（高校中退、大検合格後、司法試験合格）

検察官には、主に検事と副検事がある。司法試験をパスし、約1年間の司法修習を経て、試験に合格すれば、検察官・裁判官・弁護士のいずれかになる資格を得ることができる。予備試験は学歴不問のため中卒でも受験可能

検察庁のピラミッド

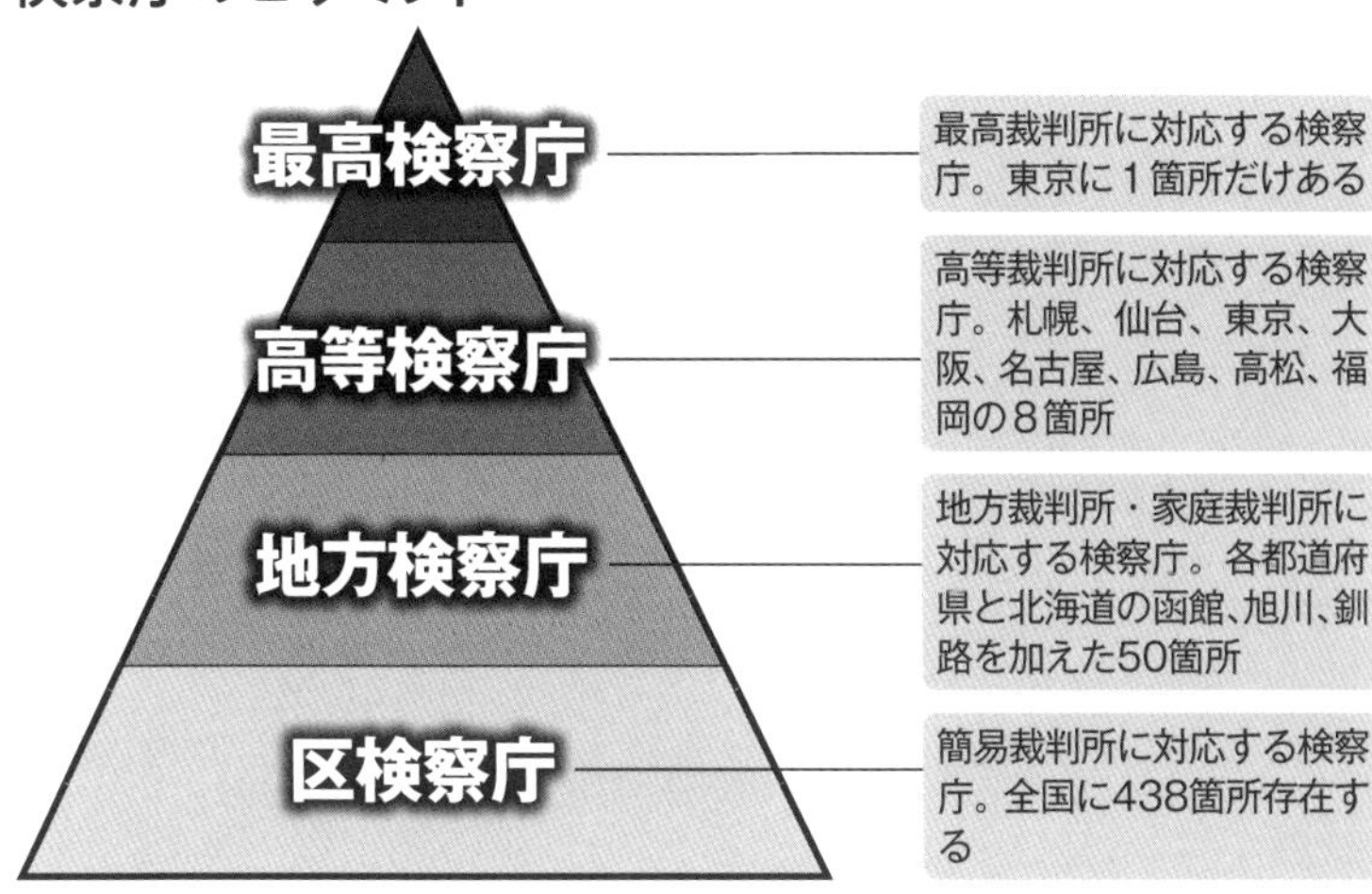

最高検察庁
最高裁判所に対応する検察庁。東京に1箇所だけある
高等検察庁
高等裁判所に対応する検察庁。札幌、仙台、東京、大阪、名古屋、広島、高松、福岡の8箇所
地方検察庁
地方裁判所・家庭裁判所に対応する検察庁。各都道府県と北海道の函館、旭川、釧路を加えた50箇所
区検察庁
簡易裁判所に対応する検察庁。全国に438箇所存在する

天国

最高裁判所長官は内閣総理大臣と同等
新人裁判官はみなし残業の激務

『イチケイのカラス』も選んだこの道

裁判での判決は、人の人生、時には命まで左右する。民事・刑事を問わず、そのような重責を担う裁判官は、採用率一桁（けた）の狭き門。国家公務員である彼らの報酬は、法律で金額が定められているという。

法曹を目指す者は、司法試験合格後、1年間の司法修習を経て進む道を決めることとなる。69期司法修習生の2017年1月時点の就職状況を参照すると、修了者1762人のうち、弁護士登録者が1472人（83・5％）もいるのに対し、検事（検察官の職位）採用者は70人（4・0％）、判事補（裁判官の職位）採用者は78人（4・4％）とごくわずかだった。法曹三者のうち、裁判官は検察官と並んで狭き門なのである。司法修習での成績や素行はもちろん、人格なども任命の必須条件となる。

裁判官は検察官やその他の国家公務員と同様に、法律で月収が定められている。狭き門

裁判官への道

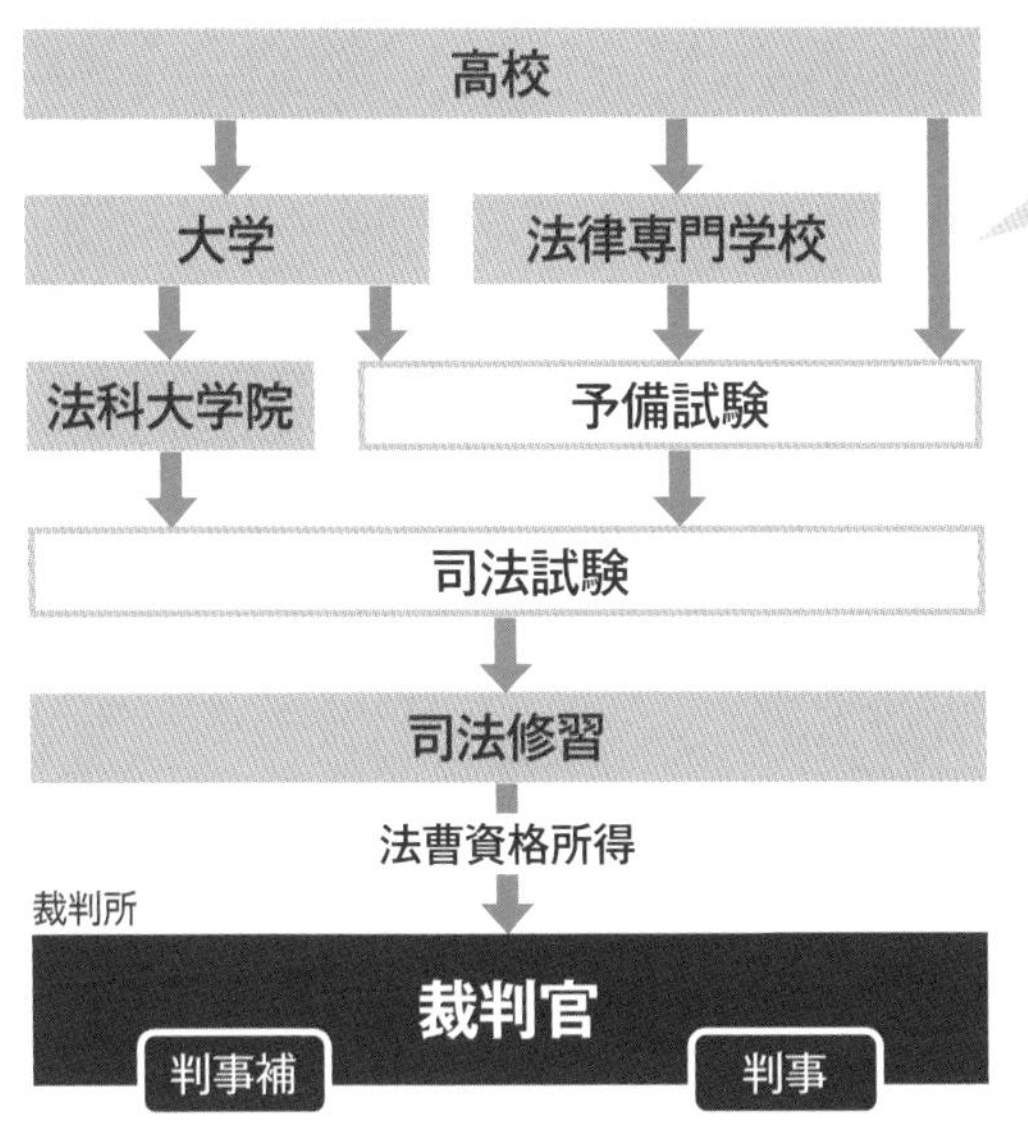

『イチケイのカラス』の入間みちお（竹野内豊）は高校中退から弁護士になり、その後、裁判官へと転身したという設定

法科大学院を修了し、司法試験をパスした後、司法修習生として修習を受けた上で、内閣により任命されて判事補として任官。また、弁護士から任官することもある。予備試験は学歴不問のため中卒でも受験可能

をくぐり抜け、晴れて裁判官の職位「判事補」となるわけだが、判事補1年目の報酬月額は23万４９００円で、諸手当やボーナスを合わせると年収は約６０４万円。新人にしてサラリーマンの平均年収を大きく上回る額を高いと感じる人もいるかもしれないが、勤務実態を知ればその認識は変わることだろう。

裁判官は基本的に土日祝日が休みだが、都市部などの忙しい裁判所に配属された場合、曜日通りに休めないことも多い。

ときに１人で２００件を超える案件を抱え、平日は仕事を家に持ち帰って就寝前や早朝に作業にあたることもあるという。警察からの逮捕状請求や死体解剖のための書類請求などが休日や深夜に行われることもあるため、令状当番という当直も存在する。稼働できる裁判官が少なければ、本来、年に数回程度の休日出勤が、月に数回の頻度で課せられるケースもある。

天国

最高裁判所長官の年収は公務員トップ

大半は20年で年収が高止まり

下積み時代を経た先の給料事情はどうなるのか。裁判官の推定年収は、平均すると約９００万円で、実際には約６００万～２３００万円と幅がある。どの裁判所に勤務するのかによっても年収が異なり、等級や職位が上がると、報酬月額も上がっていく。

判事補として裁判所で10年の経験を積んだ裁判官は判事と呼ばれ、等級は８～１号に分かれている。判事８号の報酬月額は51万６０００円で、推定年収は約１０３５万円。任官後20年ほどは経験年数に従って平等に昇給していくのが通例なため、ほぼ横並びで推移していくものの、とくに判事４号から判事３号の壁が厚く、判事４号のまま定年を迎える裁判官も少なくないようだ。

ちなみに人気ドラマ『イチケイのカラス』で竹野内豊が演じた入間みちおはストーリー

法の最後の砦、最高裁判所。15人の裁判官がおり、５人ずつが３つの小法廷に所属している。すべての事件はまず小法廷で審理され、憲法に関する判断を含む案件などに限り15人で構成される大法廷（裁判長は長官）で審理する

下積み時代は給料が業務に見合わない

裁判官の年収

肩書	年収
最高裁判所長官	4032万3614円
最高裁判所判事	2941万158円
東京高等裁判所長官	2820万6468円
その他の高等裁判所長官	2612万72円
判事1	2357万2262円
判事2	2076万3652円
判事3	1935万9346円

最高裁判所長官は内閣の指名に基づいて天皇によって任命される。

の展開上、この判事４号くらいだと推察される。年収は約１６４１万円だ。

そして判事３号になると年収は約１９３５万円。判事２号になると２０００万円を超えてくる。

さらに長官レベルに目を向けてみよう。

東京高等裁判所長官の推定年収は約２８２０万円、その他の高等裁判所長官の推定年収は約２６１２万円と、地域によって開きがある。最高裁判所判事の推定年収は約２９４１万円だが、最高裁判所長官では額がいっきに跳ね上がり、推定年収は約４０３２万円だ。これは公務員としては最も高く、内閣総理大臣と同水準だ。法の最後の砦（とりで）である最高裁判所の裁判官を務め、さらにそのトップとして対外的な活動も任されるというから激務には違いない。ただし刑事裁判の有罪率が99・9%という日本において、これらの報酬は高い？安い？　あなたはどう思います？

実際どうなの キャリアとノンキャリア

事務次官は年収2300万円超で公用車付き ノンキャリアはほぼ課長止まり

官僚とは、国の行政機関で働く公務員のことだが、同じ官僚でも「キャリア」と「ノンキャリア」では大きく待遇が分かれており、役職から生涯賃金まで大きく差が開いていく。

ドラマなどでもよく出てくる「キャリア官僚」「ノンキャリア官僚」という呼び方。「キャリア」とは、かつてI種と呼ばれていた「国家公務員採用総合職試験」に合格し、入省した人材を指す。対して「ノンキャリア」は「国家公務員採用一般職試験」(旧II種と旧III種)に合格して各省庁に採用された職員のこと。元々こうした区分けは法律に基づいたものではなく、戦前からの慣習と言われているが、このスタート地点から公然と扱いが違っているのだ。

キャリア官僚は、重要な省庁に幹部候補生として入省し、エスカレーター式で課長までの出世が確定すると言われている。さらに審

不夜城と呼ばれる霞が関。日夜、国民のために働いているものと願いたい

議官や局長などを経て、最高のポストである事務次官を目指す。

一方、ノンキャリアは最終的な地位はほぼ課長止まりで、それ以上の出世は容易ではない。ノンキャリアでも局長以上に出世する例もあるが、基本的には明確な天井があるとされている。

出世と共に差が開いてくるのが年収だ。官僚の給与体系は年功序列や役職によって決まっており、地位が上がるにつれて額も上がっていく。

赴任した省庁によって変動があるが、ノンキャリアなら初年度の年収は３５０万円ほど。それから除々に上がっていき、50代で課長クラスにまで上り詰めることができれば年収７００万〜８００万円といったところだ。さらに公務員ならではの各種手当がもらえるので、実質はもう少し稼いでいると思われる。

キャリア官僚も初年度ではあまり差がなく

リタイア後も天下りでホクホク

天国

年収４００万円ほど。ただ、そこからの出世スピードが段違いで、ノンキャリアは50代でようやく最終ポジションの課長に辿(たど)り着くが、キャリアは早ければ40代で課長になり、年収は１２００万円台に。そしてトップの事務次官にまで上り詰めれば年収２３００万円。もちろん、運転手付き公用車も使えるなど様々なオプションもついてくる。

ただ、実際に働いているキャリア官僚に聞いたところ、こんな答えだった。

「トップクラスとはいえ、公務員なので年俸にも限度があります。なのでお金が目的ならさっさと辞めてコンサルティングファームや外銀に就職したほうが稼げますよね。やっぱり『自分の仕事が国に影響を与えている』というやり甲斐のほうが大きいんです。世間ではどう思われているかわからないけど、官僚ってわりと誠実な人間が多いんですよね（苦笑）」（入省8年目のキャリア官僚）

キャリアもノンキャリアも新人時代の仕事内容に大きな違いはないが、３年目以降からは大きく変化。キャリアは国家政策に関わるプロジェクトに携わったり、国会議員や関係のある閣僚と連携したりしながら、法案作成などにも関与する。ノンキャリアはそうした仕事の補佐や、ルーティンワークなどといった地味で下働き的な業務が多い。

とはいえ、どちらも激務であることは事実。若い頃は定時退社はほとんど不可能で、関連する地方自治体や独立行政法人への異動も多い。キャリア官僚は1年ごと、ノンキャリアは約3年ごとに転勤があると言われる。

「たしかに出世レースは過酷で同期でトップの役職につけるのは基本的に１人。でもレースに参戦せず粛々と業務を続ける者も多いし、転職して年収倍増の同僚もいます」（同前）

仕事、家庭、そして年収。どこに重きを置くかで、天国と地獄に分かれているようだ。

国家公務員採用総合職試験合格者
出身大学トップ10（2022年度）

順位	出身大学	人数
1	**東京大学**	217人
2	**京都大学**	130人
3	**北海道大学**	111人
4	**早稲田大学**	84人
5	**東北大学**	75人
6	**慶應義塾大学**	71人
7	**立命館大学**	63人
8	**岡山大学**	61人
9	**中央大学**	49人
10	**千葉大学**	47人

納得の順位だが8位の岡山大学が気になる。同大学では10年ほど前から希望者は授業が終わった夕方から特訓する国家公務員採用特別講義を実施しているという（人事院の発表資料より作成）

キャリア官僚 分野別合格者数2022年度（括弧内は女性の人数）

法学・文学系	**行政**（政治・国際/法律/経済）	884人（291人）
	人間科学	74人（41人）
理工系	**デジタル**	75人（16人）
	工学	344人（55人）
	数理科学・物理・地球科学	54人（6人）
	化学・生物・薬学	83人（28人）
農学系	**農業科学・水産**	193人（86人）
	農業農村工学	74人（22人）
	森林・自然環境	92人（28人）
合計		**1873人（573人）**

日本の将来を担う人材たちだが、女性の割合は全体の約30％だ。こんなところにも格差が存在する（人事院の発表資料より作成）

天国
各種手当で年間約4000万円

落選すればただの人

地獄
落ちれば借金まみれ、お詫び行脚の日々

日本国民の代表として日夜働く(?)国会議員たち。選挙に勝てば、羨望の眼差しが注がれ、多額の歳費を手にできる。一方、落選者には支援者の冷たい視線が注がれ、無職となってしまう過酷な現実が待っている。

「国会は、国権の最高機関であつて、国の唯一の立法機関である」――。これは、憲法第41条にある国会の地位に関する記述だ。

国会では法律の制定をはじめ、内閣が作成した予算の議決、条約締結の決議が行われる。日本の未来を左右する場所と言っても過言ではない。そこでは、国会に所属する国会議員たちが、侃々諤々(かんかんがくがく)、議論を重ねている。実情はどうあれ、国会議員は選挙によって国民に選ばれているため、国民の代表であり代弁者として、法律の制定や予算の決議を行う権利が与えられているのだ。

「国会議員は、国会でヤジを飛ばしたり、居眠りをしたりする様子がテレビ中継で放送さ

国会議員の待遇

歳費	いわゆる給料。衆院議員、参院議員とも月129万4000円。期末手当（ボーナスに相当）は6月と12月に各約314万円。合計約2180万円
調査研究広報滞在費 （旧文書通信交通滞在費）	月額100万円。年間1200万円。使途を公開する必要はない。事実上何にでも使える第2の歳費
立法事務費	65万円。年間780万円。議員一人ごとに所属会派に支給される。国会議員の様々な活動に関する調査研究費
交通費	国会議員は基本的に各都道府県地域の代表だ。地元との行き来にお金がかかるので、これを補填するもの。新幹線などのグリーン車を含むJR全線無料パス。月に4往復分の航空券
仕事場	永田町にある100平方メートルの事務所が無料で提供される
宿舎	都内の一等地にある宿舎。月10万円ほどで利用できる

国会議員になればこれだけの待遇を得られる。ここにあげたのは目に見える特恵や待遇だ。議員になることで「権力」を持つことになる。利を求めて群がるタニマチも多い。しかし、落選すれば見向きもされなくなる

れていますが、もちろんそれが仕事ではありません（笑）。午前中は本会議が始まる前に委員会の会議に出席し、昼食後に本会議がスタート。昼食時に、国会議事堂の食堂で支援団体とランチを食べて交流を図る議員もいます。国会の外でも、イベントに来賓として出席したり、国会閉会中は自身の選挙区（地元）に戻って有権者と対話する機会を持ったりと忙しい毎日です」（政治部記者）

彼らには「歳費」と呼ばれる給料が支払われる。毎月１２９万４０００円の歳費と、期末手当が２回支払われ、年間で合わせると２１００万円超。そのほかに文書通信交通滞在費が月１００万円、立法事務費月65万円などの活動費が加わり、合計で年間約４０００万円にのぼる。この金額が、衆議院、参議院を合わせた７１３名（２０２２年現在）の国会議員に支払われているのだ。さらに、新幹線の無料乗車パスの支給や、地方に住む議員の

地位も名誉もお金も手に入る

場合は月10万円前後で赤坂など都内の一等地にある議員宿舎に住めるオマケ付き。地元に帰れば「先生、先生」と握手を求められるなど、国会議員は様々な意味で〝やりがい〟のある仕事と言えるだろう。

しかし、当然ながらすべての立候補者が当選するわけではない。ひとたび落選してしまうと、生活は一変する。

「落選者は本当に悲惨ですよ。まず、応援してくれた支援者のもとを訪れて、頭を下げなければなりません。短くて1カ月前後、長くて半年間は支援者にお詫びとお礼を伝える旅に出ます。それと同時に重くのしかかるのが、選挙にかかった経費の精算。選挙事務所の借り上げ費用や人件費、広告費などの費用は所属政党にもよりますが、基本的に立候補者がすべて持ち出しで支払います。ちなみに、地方議員は数百万円、国政選挙は千万単位の経費がかかるとか。それから、市民税は前年度

東京都千代田区永田町にある国会議事堂、国会議員の仕事場のはずだが、居眠りしている先生も少なくない

票も信用もお金もすべて失う

衆議院議員の資産調査

各党1人あたりの資産	
自民党	3739万円
立憲民主党	2042万円
公明党	1583万円
日本維新の会	2041万円
国民民主党	1849万円
共産党	606万円
れいわ新選組	16万円

トップ3	
麻生太郎（自民党）	6億1417万円
高木宏壽（自民党）	5億4602万円
逢沢一郎（自民党）	5億647万円

毎年公開されている衆議院議員の資産調査。2022年発表のもの。土地、建物、定期性の預貯金、株式を除く有価証券の4つの項目を集計すると衆議院議員465人の1人あたりの資産は、平均で2924万円

の収入から換算されるので、税金だけは〝議員時代〟と同じ。落選者は相当シビアな現実を突きつけられるんです」（同）

議員としての収入がゼロになるうえ、退職金も失業保険もないのが国会議員。こうした状況から借金を背負う落選者もいるという。

「次の選挙で当選を狙うにしても、衆議院なら4年後の総選挙、もしくは解散総選挙。参議院は3年間待たなければチャンスは巡って来ません。彼らは再当選すれば国政に戻るので、そんな人材を正社員で雇う奇特な企業はなく、就職は絶望的。政党に所属していれば生活費分くらいの援助や仕事が与えられますが、相当肩身が狭い。無所属の場合はツテを頼って企業の顧問になったり、自営業で食いつないだりして、様々な手段で糊口をしのぐしかありません」（同）

落選者の実情を知ると、立候補者たちが必死になって選挙活動をするのも納得？

自治体首長の天国と地獄

同じ首長でも大きな違い

横浜市長の給料は知事より高い160万円
政令指定都市の全国最下位は50万円

住民による直接選挙で選出される自治体首長は大きな権限が与えられ、まさに一国一城の主だ。ただ、そんな首長たちのフトコロ事情には自治体によって大きな格差が生まれている。

自治体の首長の給料はそれぞれの自治体ごとに条例で定められている。各自治体で基準は異なるため、たとえば同じ政令指定都市でも大きく給与の差が出るのである。

全国の自治体でトップの給料を誇るのが神奈川県の横浜市長だ。月額159万9000円は、神奈川県知事はおろか、全国の首長の中で最も高く、国務大臣と変わらない待遇である。

ここから、「令和3年4月1日地方公務員給与実態調査結果」を基に見ていく。

同じ政令指定都市で比較すると、月額の給与が最も低いのは愛知県名古屋市長の50万円である。

国務大臣と給料変わらぬ市長

知事の月給トップ10とワースト5（2021年）

順位	都道府県	月給
1	埼玉県	142万円
2	千葉県	139万円
3	福岡県	135万円
4	茨城県	134万円
4	岐阜県	134万円
6	宮城県	131万円
6	群馬県	131万円
8	神奈川県	130万5000円
9	静岡県	130万1000円
10	石川県	130万円
10	福井県	130万円
⋮		
42	秋田県	96万8000円
43	北海道	96万6000円
44	熊本県	86万8000円
44	鹿児島県	86万8000円
46	沖縄県	86万1000円
47	東京都	72万8000円

埼玉県と千葉県がトップ２だ。さすがに首都圏近郊である。となると東京都知事はさぞかし高額かと思いきや、ワースト１位だ。これは小池百合子都知事が公約に掲げた「身を切る改革」の結果である

知事最下位は東京

この理由は、河村たかし市長のマニフェストによるもので、従来は2750万円だった市長の年収を3分の1以下の800万円に引き下げたからだ。

また、東京都知事の給料も月額72万8000円と意外に低いが、こちらも小池百合子知事がみずから給与を半額にする条例を提出したためである。

身を削って仕事への本気度を示したのかもしれない。どう見るかは意見の分かれるところだが、なにやらパフォーマンスの匂いもしないではない。

河村市長は東京五輪ソフトボール日本代表・後藤希友選手の金メダルを齧って顰蹙を買ったおりには「月収50万円だから仕方ない」などと揶揄されたりもした。

給料の多い少ないにかかわりなく、まっとうに仕事をしてくれさえすればそれでいいのだが……。

都道府県市町村合わせて3万2000人

都道府県議員は年収1000万円超え 過疎地の町村議員はお小遣い程度

全国に3万2000人以上いる地方議員。庶民の生活に密着している存在だが、メディア露出の多い国会議員とは違い、彼らに興味・関心を持っている人は少ない。地方議員の知られざる格差とは。

地獄

地方議員の最大の格差は報酬（給料）だろう。都道府県や政令指定都市の議員の月額報酬は平均約80万円と、年収1000万円超えも多い（21年）。また、政令指定都市以外の一般的な市議であれば30万〜50万円のケースが普通。一方、同じ議員といえども町村議員は20万円前後が多く、10万円台という自治体もある。各種税金や保険料を支払えば、手取りは10万〜15万円前後になる計算だ。

「町村議員クラスだと報酬だけで生活していくのはかなり厳しいんです。子育て中の若手なんかは、議員を続けるのさえ難しいですね。実際に、志ある後輩が公務員を辞めて議員になったことがあったんですが、生活できない

月額80万円は当たり前の大都市議員

都道府県議員月額給料トップ10とワースト5

順位	都道府県	月額給料
1	愛知県	97万7000円
2	京都府	96万円
3	埼玉県	92万7000円
4	神奈川県	92万1500円
5	広島県	90万1000円
6	北海道	90万円
7	福岡県	89万円
7	茨城県	85万円
7	岐阜県	85万円
10	宮城県	84万円
10	兵庫県	84万円
10	岡山県	84万円
10	山口県	84万円
43	沖縄県	75万円
44	三重県	74万7000円
45	新潟県	71万2800円
46	奈良県	70万円
47	大阪府	65万1000円

（2021年、総務省の資料より作成）

日本を代表する企業を多く抱える愛知県はやはり強い。ちなみに下位５府県は上の通り。橋下改革のおかげか、大阪府が最下位だ

20万円に満たない町村議員も

からって、二期目は立候補しませんでした。逆に兼業農家とかでのんびりやってるおじいちゃん議員は割と多い。農作業の合間に議会に行くみたいな感じです。それが健康の秘訣なんですって。年金をもらいながらの人も多いな。おかげでどこの町村でも高齢化が止められない状況ですよ」（現役町議）

　また議員が行う様々な調査研究活動のための政務活動費も差が大きい。

　たとえば東京都議会は議員一人あたり月額50万円の政務活動費が各会派に交付されている。一方で、自治体の財政状況によっては支給がないケースも少なくない。支給ゼロの議員からはこんな嘆き節も……。

「いろんな自治体で政務活動費の不正受給が問題になって議員のイメージダウンになっているんですけど、うちはそもそも政務活動費はないからいい迷惑ですよ」（同前）

　地方議員の格差は開くばかりだ。

与党大物秘書は裏方でも影響力大
ブラック政治家の秘書は先生落選で即失業

親分（議員）の力と当落で天国と地獄

地獄

政治家秘書とひと口に言っても「公設秘書」や「私設秘書」など様々だ。さらに同じ公設秘書でも、その人が仕える政治家の「力」の大きさによって、待遇に天と地ほどの差があるという。

政治家秘書の仕事は多岐にわたる。電話や来客の対応、スケジュール管理など通常の秘書業務に加え、政策に関する調査をし、国会での議員質問や答弁を作成するのも秘書の役割だ。選挙の手伝いや議員に代わって、冠婚葬祭やイベントなどに出席するのも珍しくない。

また同じ秘書でも「公設」と「私設」では大違いだ。公設秘書は「国家公務員特別職」という国から給料が支払われる身分であるため、年収は第一秘書で700万～1000万円、第二秘書でも500万～700万円ほどになるという。一方、私設秘書の場合は年収300万円程度の人も少なくない。

公設第一秘書は年収1000万円

天国

政治家秘書の年収目安

政策秘書	750万～1100万円
第一秘書	700万～1000万円
第二秘書	500万～700万円
私設秘書	300万円～

上の表は野党私設秘書経験者からの聞き取りで作成。あくまでも目安だ。「政策秘書は資格試験に合格するか、選考採用審査認定を受けた専門職なので総じて高給取りです。また私設秘書でも議員との関係性から1000万円を超える人もいます」（元秘書）

ブラック議員の秘書は苦難の日々

さらに、秘書の待遇を左右するのがその人が仕える政治家が持つ「力」だ。たとえば、小泉純一郎元首相には飯島勲という政策担当秘書がいた。同氏はメディアから「官邸のラスプーチン」と評されるほどの強大な権力を持ち、現在は内閣官房参与の要職についている。

しかし知名度が低く、力のないブラック政治家の私設秘書となると、待遇もその分下落気味。議員のミスを詫びるため秘書が支持者の前で土下座するといった笑えない話もある。立場の弱い私設秘書を薄給で長時間使い倒す議員も実際にいるし、秘書に向かって人格を否定するような暴言を日常的に浴びせ続ける政治家もいた。そうしたブラック議員は選挙で落選するリスクも総じて高い。つまりせっかく秘書になっても数年で失業する危険が常につきまとうのだ。このように、同じ政治家秘書でも選ぶ政治家によって天と地ほど待遇に違いが生まれるのである。

天国

お金だけじゃない外交官の出世ゲーム

トップの大使は年収3000万円超え 事件に巻き込まれ人生台無しの悲劇

地獄

外交官は他省庁の官僚と違って華やかな生活を送り、トップの駐米大使なら年収は3000万円以上。ところが、独裁国家に赴任した外交官の中には事件に巻き込まれ、人生を台無しにする人もいるという。

数多(あまた)の高級官僚のなかでも外務省の官僚というのはかなり特殊だ。在外公館に赴任して国によっては王族や貴族などの上流階級と交流し、官僚なのにスーツ姿もやたらとファッショナブル。また、多くの省庁では事務次官が全職員のトップに君臨するが、外務省では駐米大使がさらに格上とみなされる。ちなみに、同省では毎年30人弱の総合職のキャリアを採用しているが、事務次官や駐米大使にまで上り詰めることができるのはそのうちのたった一人。年収は、本省トップの事務次官で約2500万円、在外公館に勤務する大使は在勤手当などの各種手当が支給され、トップクラスは年収が3000万円以上になるという。

序列トップの駐米大使は年収3000万円

各国大使の在勤手当の上位

国名	月額在勤手当
トルクメニスタン	108万円
ギニア	107万円
イエメン	107万円
ベネズエラ	104万円
コンゴ共和国	103万円
ジブチ	101万円
南スーダン	99万円
リビア	94万円
赤道ギニア／ハイチ…など	92万円

各国の物価や為替相場を勘案して決められる在勤手当。「日本と異なる環境で生活する外交官は心身の健康を保つために配慮が必要」と外務省は説明する（外務省「在勤手当に関する参考資料（令和5年8月）」より）

赴任先で秘密工作の被害にあうケースも

外務省には他省庁にない「語学研修」が存在する。総合職や専門職の職員には入省後に専門とする言語が割り振られ、エリートの証となる。外務省には「チャイナスクール」「ロシアスクール」などの語学閥が存在するが、これはそうした語学研修に由来する。

「チャイナスクールやロシアスクールの外交官のなかには、将来を嘱望されながら赴任先の国で事件に巻き込まれ、辞任せざるを得なくなった人もいます。実際、２００４年には上海総領事館に勤務している方が自らの命を絶ったのですが、背後に中国の秘密工作があったと言われています」（政治記者）

政治情勢が不安定な地域の外交官はテロや事件などに巻き込まれ、最悪、命を失うケースもある。年収数千万円の事務次官や駐米大使がいる一方、海外の赴任先で大きなトラブルに直面する人がいるのも外交官の世界なのである。

天国

防大卒は出世街道&天下り 学閥に苦しむ隊員も

経験者が語る自衛隊の格差

女性隊員へのセクハラ問題で騒がれている自衛隊。隊員たちの悩みはそれだけでない。意外なことに「学閥」に不満を抱いている隊員が少なくないという。

数年前まで海上自衛隊の二佐として勤務していた非防衛大学校（以下防衛大）卒の岡島さん（男性・仮名）が言う。

「まず辛いのは、自衛隊というところは常にパワハラすれすれの生活を余儀なくされるということです。これについては、ある程度覚悟していたので、私はなんとか乗り切ることができました。ただ、それ以外にも卒業大学格差というものが存在するのです。こちらはさらに辛い」

自衛隊にもいわゆるキャリアとノンキャリアの区別がある。

４年制の大学を出て幹部候補生試験に合格した者は出世のスピードも速いし、最終的に

自衛官の年収の目安

	初任給	30歳	40歳	50歳	退職金
幹部自衛官	約370万円	約610万円	約870万円	約980万円	約2700万円
准曹自衛官	約250万円	約480万円	約640万円	約750万円	約2100万円
艦艇手当	約87万円	約130万円	約160万円	約190万円	
飛行手当		約160万円	約170万円	約170万円	

幹部と准尉・曹士（准曹）に分けて試算。どちらも初任給は多いとは言えないが、年を経るごとに着実に昇給する。40代に入る頃には高卒の自衛官候補生だと年収650万円程度。大卒の幹部自衛官であれば900万円程度になる（自衛隊鳥取地方協力本部の資料より作成）

辿り着くことができる階級もノンキャリアより断然高い。

「ここまでは警察官などと似ているのですが、自衛官の場合は防衛大卒というのが大きな強みとなるのです。勤務に対する上司からの評価によって自衛隊員は出世していきますが、たとえば防衛大卒と非防衛大卒が横並びになった場合、ほぼ間違いなく防衛大卒の人間が優遇され、出世することになります」（同前）

理由はシンプルだ。部下の評価をする隊員（出世した隊員たち）の多くが防衛大卒であるため、どうしても同窓の後輩を高く評価してしまうという構図だ。

さらに同期間評価というものも出世に関わる重要な材料になっている。同期間評価とは、節目ごとに同期の隊員たちがお互いを評価するシステムのこと。

「防衛大も軍隊のようなものです。入学すれば厳しい規律と訓練の詰まった4年間を送る

防衛大卒は何かと有利

ことになります。そうした生活に耐えられず、入学式の数日後に辞めていく者もいるのです。逆に4年間を耐え抜くことができた同期たちは、卒業時には強固な友情で結ばれることになる。そうした事情もあって、同期間評価などでも防大同士の点数が甘くなりがちなんです」（同前）

一佐と二佐では大違い

岡島さんによれば、自衛隊における出世の境界線は一佐と二佐の間にあるという。一佐まで上がれば「出世した」と言っていい。

だが岡島さんは二佐で出世が止まってしまい、引退後はトラック運転手として忙しく働く毎日だ。

「人にもよりますが一佐の年収は約1200万円。二佐が約800万円。退職金も500万円ほど一佐のほうが多いですね。防衛大卒または幹部候補生であれば、二佐まではであれ

自衛官の仕事は国と国民を守ること。災害が起こればいの一番に駆けつける。写真は2017年７月の九州北部豪雨での活動

引退後まで続く格差の現実

自衛官の階級

幹部	将官	将
		将補
	佐官	一佐、二佐、三佐
	尉官	一尉、二尉、三尉
准尉		准尉
曹士	曹	曹長、一曹、二曹、三曹
	士	士長、一士、二士

陸上自衛隊、海上自衛隊、航空自衛隊によってそれぞれの階級名に違いはあるが、上に示したのはどの隊にも共通する呼称だ。幹部になるためには並々ならぬ努力が必要

ば誰でもと言ってもいいくらい辿り着くことができますが、そうでない人は二佐まで到達するだけでもかなり厳しいですね」

一佐と二佐の差は年収だけではない。むしろ引退後の道に大きな差が出てくる。

「一佐より上の位に就いた隊員たちは再就職でもかなり有利です。私の同期でも、一佐以上の者たちは名の知れた企業の顧問などに収まっています。私自身はトラック運転手の仕事が好きで不満はないのですが、思い通りの再就職ができずに不満を溜め込んでしまう者もいます。能力的には決して劣っているわけではないのにと、複雑な思いを抱いている人もいますね」(同前)

もちろん自衛隊には防衛大出身者以外の幹部も多く存在する。学閥より実力の方が大切なのは当然だ。しかし岡島さんのように、防衛大格差を感じている人も多く存在するのである。

天国

医師・法曹に並ぶ3大国家資格の一角

「BIG4」が成功への道 超難関資格に見合わぬケースも

地獄

難関試験の公認会計士。合格して監査法人に就職すれば高年収は約束される。さらに稼ぐには独立開業、または事業会社に飛び込んで経営などに関わるべきだというが、実際はそんなにトントン拍子で話は進まない。

企業の財務的な監査などを担う公認会計士。医師、法曹と並んで3大国家資格と言われているだけに、資格取得は相当な難関。2022年の合格率はわずか7・7%だ。このハードルを突破できたら実務要件を満たすため、合格者の9割は監査法人に就職する。

なかでもBIG4と呼ばれる大手監査法人は待遇も良く、初任給は30万～35万円。出世スピードも速く、優秀な人材なら3年目でシニアスタッフ（係長クラス）になる人も。監査法人は職階が独特でマネージャーと出世していき、マネージャー、シニアパートナーまで上り詰めれば1500万円以上だ。

企業の上場に関われば億万長者に？

公認会計士試験の合格者とその後のステップ

	願書提出者	合格者	合格率
2017年	1万1032人	1231人	11.20%
2018年	1万1742人	1305人	11.10%
2019年	1万2532人	1337人	10.70%
2020年	1万3231人	1335人	10.10%
2021年	1万4192人	1360人	9.60%
2022年	1万8789人	1456人	7.7%

毎年１万人以上が願書を提出し、合格するのはそのうちの10％程度。そもそもの狭き門だが、試験に合格してからも一人前になるまでは長い道のりだ

公認会計士名簿登録

内閣総理大臣の確認を受ける

「日本公認会計士協会」の修了考査に合格

「会計教育研修機関」による実務補習の修了

監査法人などで2年以上の実務経験

公認会計士の試験に合格

激務で心身をやられることも

しかし、弱小監査法人に勤めて出世もしないままだと年収は４００万円ほどで頭打ちになってしまう。

そこで近年は資格を活かして企業の問題解決をサポートするコンサルティングファームに所属したり、一般の事業会社に就職する「インハウス公認会計士」という働き方を選んだりと、選択肢が増えている。なかにはＣＦＯ（最高財務責任者）としてベンチャー企業の経営に携わり、上場時のストックオプションで荒稼ぎするというやり手も。

「その場合、年収は億を超えることもあります。ただし、生き馬の目を抜くベンチャー業界の最前線は皆、超がつくワーカホリックです。激務に疲れ果て、監査法人に出戻ってしまう人も少なくありません」（都内で個人事務所を営む公認会計士）

超難関の資格を持っただけではダメ。その活かし方こそが人生設計を左右するようだ。

天国

教授↑准教授↑助教↑ポスドク

教授は年収1000万円超え
ポスドク止まりは家賃もままならず

大学という組織は「教授」を頂点とするピラミッド構造になっている。教授は年収1000万円超の高給取りだが、助手や助教は低賃金でこき使われるのだ。なかでも最も気の毒なのが、「ポスドク」だという。

厚生労働省「令和元年賃金構造基本統計調査」によると、大学教授の平均収入は月約66万9500円ほど。年間のボーナス約297万円で、平均年収は約1100万円だ。これはあくまでも平均だ。年齢や実績によってはさらに高い年収を稼ぐ大学教授も多い。メディアに出演してタレント顔負けの活躍で、副収入を稼ぐ人もいる。

社会的な地位も高く、大学教授が天国職業であることは確かだ。しかし、いくらなりたいと思ってもそう簡単になれるものではない。

某私立大学職員が解説する。

「大学では教員として採用されると、多くの場合、まず『助手』からキャリアをスタート

タレント並みの人気教授も

大学教員の年収の目安

	月額	ボーナス	年収
大学教授	66万9500円	297万2200円	1100万6200円
大学准教授	54万2900円	220万8800円	872万3600円
大学講師	47万3000円	151万3400円	718万9400円
個人教師・塾、予備校講師	29万300円	45万3300円	393万6900円

同じ学問の世界に生きていてもこれだけの違いがある。教授に上り詰めれば安泰だ
（厚生労働省「令和元年賃金構造基本統計調査」より）

人を不安にする4文字、ポスドク

します。地道に研究を続けて優れた成果を出すことができれば、研究室を主宰する教授の推薦などにより、『助教』『講師』『准教授』の順に職階がランクアップしていく。こうした大学教員を指導する立場にあり、頂点に君臨しているのが教授というわけです」

もっとも、これらの教員のヒエラルキーは大学から正式に採用されてからの話だ。

大学には「助手」よりさらに職階が低い研究職が存在する。それが大学院の博士課程を修了した後に就く「ポストドクター（ポスドク）」と呼ばれる研究職である。

その最大の特徴は「1～5年の任期付きの研究職」という極めて不安定な立場に置かれていることだ。

教授や准教授などには雇用期間の定めがなく、定年まで在籍することも可能だが、ポスドクの場合は任期切れとともに雇い止めとなるケースも多く、次の仕事がすぐに見つかる保証もまったくない。

なぜポスドクはそんな悲惨な状況に置かれているのか。前出の私大職員が説明する。

「1990年代から始まった国の大学院重点化計画によって、博士号取得者が急激に増えました。そうした人たちのために、大学に採用されるまでのトレーニング期間と位置づけられるポストドクター制度が整備・推進されるようになったんです」

もっとも、制度はできても大学の雇用枠は増えていないのが現状。その結果、将来の展望を描けない不安定なポスドクが大量に生まれることになった。

不安定な立場&薄給

悲惨なのは任期付きという立場だけではない。以前に文部科学省が行った「ポストドクター等の研究活動及び生活実態に関する分析」というアンケート調査によると、ポスド

教授と学生、両方が憧れてやまない東京大学の赤門

ポストドクターの人数

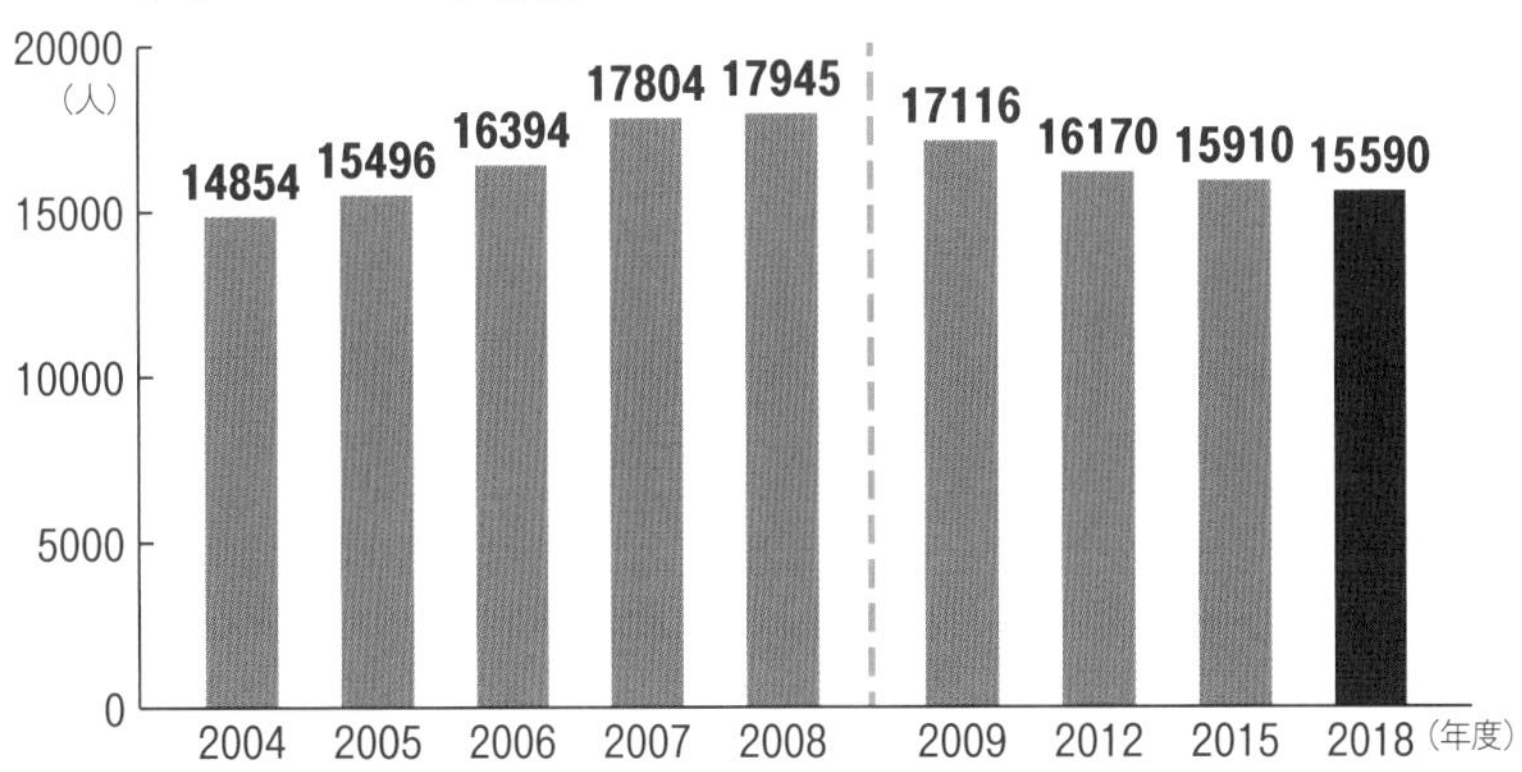

注）調査方法の変更により、2008年度以前と2009年度以降を厳密に比較することはできない。

ポストドクターの平均年齢

	平均年齢
2015年	36歳
2018年	37歳

2008年をピークに減少傾向ではあるが、平均年齢は15年が36歳だったのに対し、18年は37歳に上がっている（文部科学省「ポストドクター等の雇用・進路に関する調査」より）

クの平均月収は税込み約30万円。人文・社会科学分野をはじめ、税金を引くと月収20万円に満たないポスドクが1割もいたというのだ。

「塾や予備校の講師を掛け持ちしてやっと生活できるというポスドクも少なくありません。家賃が払えずに、アパートを引き払って研究室に寝泊まりする人もいました。

運動部や体育の必修授業で使うシャワー室でこっそり身体を洗うポスドクが現れて問題になったこともあります。そんなことから、かつてうちの大学内で『不安にさせる4文字、それはポスドク』というジョークが流行ったくらいです（笑）

問題がピークだった08年頃は、ポスドクから正規雇用への移行は年間6～7％でした。現在は10％程度だと聞きます。結局、念願叶わず塾講師が正業となってしまう人も少なくありません」（同前）

勉強が苦手な凡人でよかった？

エンタメ界のマネー格差

大河ドラマはNHKへの貢献度で決まる?

米倉涼子はドラマ1話で500万円?
「格下」は日当1000円も当たり前

地獄

俳優の人気のバロメーターといえば映画やドラマへの出演料だ。いまが旬の俳優は、それだけギャラも高いと思われがちだが、独特の慣習が残っている日本芸能界においては、人気がストレートに反映されないという。

日本は俳優の出演料が低いと言われている。アメリカなどでは興行成績に応じたパーセンテージが上乗せされて莫大な金額になることもあるが（左表参照）、日本は基本的に1本ごとの買い切り契約になってしまうからだ。

出演料は、俳優の人気や作品の内容、拘束時間などによって算出されるが、日本で重要視されるのは「格」。それまでの実績や立場がモノを言う。

映画だと、大御所と呼ばれる俳優は1本1

000万円。普通の主演クラスだと300万円程度だ。ギャラを上げるには長く役者の道を歩き続け、業界に影響力を持つしかない。

逆に「格」の低い新人やエキストラは、日当1000円などもザラにある世界だ。

テレビドラマにも格付けがあり、女優でトップクラスの米倉涼子ともなると、ギャラは1話500万円と言われる。

「男性俳優で高額なのはNHK大河ドラマ『鎌倉殿の13人』で話題になった小栗旬さんでしょう。民放なら米倉さんと同じくらいだと思うけど、NHKは独特なんですよ。大河でも1話あたり50万円くらいだと言われています。それでも1年間出ずっぱりですから、俳優の格は確実に上がります」(芸能ライター)

最近では映画やテレビドラマに次ぐ、第3の波が来ている。それがNetflixやAmazonなど配信サービスのオリジナルドラマだ。前出の米倉涼子がAmazon制作のドラマに出演した際は1話1000万+ボーナスと言われた。今後は「格」ではなく、リアルな視聴数によって出演料が決まる時代になるのかもしれない。

テレビドラマは本数で稼ぐ

天国

ハリウッド映画ギャラランキング(2021~2022年)

順位	名前(配信契約を含むギャラ)	作品名
1	**ダニエル・クレイグ** (約130億円)	**『ナイブズ・アウト』**
2	**ドウェイン・ジョンソン** (約65億円)	**『レッド・ワン』**
3	**ウィル・スミス** (約52億円)	**『ドリームプラン』**
3	**デンゼル・ワシントン** (約52億円)	**『リトル・シングス』**
5	**レオナルド・ディカプリオ** (約39億円)	**『ドント・ルック・アップ』**
5	**マーク・ウォールバーグ** (約39億円)	**『スペンサー・コンフィデンシャル』**

「007」シリーズのボンド役でブレイクしたダニエル・クレイグが1位だ。映画のギャラに加え、動画配信サイトなどの配信料も含まれている。さすがのハリウッド、アメリカンドリームは健在だ(米エンターテインメントサイト「Variety」の情報を基に作成/1ドル130円で計算)

人気だけではギャラが上がらない?

天国

有名人CMギャラリスト

女性で1億円超は吉永、大坂、渋野 二番手にくるのは？

地獄

CMのギャラといえば、高額報酬の代名詞。すべてのタレントと、その事務所が狙っている美味(おい)しい仕事だ。莫大な金額が動くだけに企業側も起用については慎重になっていると言うが……。

芸能人やタレントにとって、最も稼げる仕事といえば「CM」だ。アイドルもモデルも俳優も声優も、最優的にはCMへの出演を目指す。

「CMギャラ」は数十万から数千万円と大きく幅があるが、これは「テレビCMの出演料」ということではない。正確には企業とのイメージキャラクター契約のことを指し、テレビCM出演だけでなく、ラジオやWEB動画などへの出演、ポスターの撮影、イベント参加やグッズ製作など、そのタレントの肖像権を使ったあらゆる権利が含まれる。

権利の幅が大きい分だけ契約金も高くなる傾向にあるのだが、企業にとっても契約したタレントによって会社や商品のイメージが大きく変わるので、事前の精査は欠かせない。各タレントの〝相場〟を知るため、広告業界には「CMギャラリスト」なるものが出回っており、これを基に、各週刊誌などが推計を出している。女性タレントの推定CMギャラは、最高額が1億円。名前が並んでいるのは吉永小百合、大坂なおみ、渋野日向子の3人だ。

ここで別格の存在感を放っているのは吉永小百合だろう。女優としても最高峰に位置するが、いつまでも清楚なイメージを保っているのが大きい。一説には1億円は最低価格で、そこから応相談で積み増していくとも言われている。

大坂なおみ、渋野日向子はいわゆるアスリート枠。スポーツ選手は、ユニフォームに企業名を入れて活動してもらうようなスポンサ

女性著名人CMギャラ上位

順位	名前	金額
1位	吉永小百合	1億円～
	大坂なおみ	1億円～
	渋野日向子	1億円～
4位	宮沢りえ	8000万～9000万円
	長澤まさみ	8000万～9000万円
	新垣結衣	8000万～9000万円
7位	天海祐希	7000万～8000万円
	松嶋菜々子	7000万～8000万円
	篠原涼子	7000万～8000万円
	米倉涼子	7000万～8000万円
	井川遥	7000万～8000万円
	綾瀬はるか	7000万～8000万円
	戸田恵梨香	7000万～8000万円
	浅田真央	7000万～8000万円
	有村架純	7000万～8000万円

永遠の銀幕スター・吉永小百合はやはり強い。そこに続くスポーツ選手の2人。爽やかなイメージとスキャンダルに巻き込まれにくいスポーツ選手は企業側も使いやすいと言われる（『週刊ポスト（小学館）2022年8月19・26日』を参考に作成）

撮影1日で億単位のギャラも!

天国

ー契約料が包括されていることも多く、高値になりやすい。ウェアやスポーツ用品を手掛けているメーカーなら、1億円払ってでも元が取れるのだろう。

この次には契約料8000万～9000万円で、宮沢りえ、長澤まさみ、新垣結衣の3人がランクイン。その次は7000万～8000万円で、天海祐希、松嶋菜々子、篠原涼子、米倉涼子、綾瀬はるか、戸田恵梨香、有村架純など、当代の人気女優の名が並ぶ。すでに様々なCMでよく観る顔ぶれだが、このクラスはあえてギャラを抑えめにして複数の会社との契約を狙う戦略を取っている場合もあり、トータルのCM収入は数億円というケースもある。

上位にランクインするタレントは多くが10代の初めにデビューし、その後も着実にスターの道を歩き続けている。この安定感が重要。CM出演をオファーする企業はタレントのイメージを買っているわけだ。タレントの安定感は企業そのものの安定感につながる。

男性著名人を見ると最高位に君臨するのが、メジャーリーガー・大谷翔平だ。2022年のシーズン前には1億2000万円でCM契約したという報道があったが、今後の活躍でさらに高額になる可能性が高いだろう。

しかし、CMには「不祥事」という地獄コースも用意されている。契約中はイメージを汚すような行為はご法度。決定的なスキャンダルを起こしてしまうと契約違反で降板となり、ギャラを返還した上に莫大な慰謝料を払う必要がある。

俳優・歌舞伎役者の香川照之は醜聞で6社のCMを降板、違約金が数億円になるとの報道もあった。

天国だと浮かれていると、いつでも地獄に叩き落とされる。そこで発生する金額差が最も大きいジャンルといえるかもしれない。

醜聞を起こせば莫大な違約金が発生

男性著名人CMギャラ上位

名前	金額	コメント
大谷翔平	1億円~	47億円の年俸を稼ぎ出すメジャースター。CM1本1億円でも安いくらいなのかも
松山英樹	1億円~	日本人男子初となる4大メジャー制覇を成し遂げた。今後はもっと値上がりするだろう
堺雅人	8000万~9000万円	主演の『半沢直樹』の最終回は32.7%の視聴率を記録した。NHK大河での活躍も大きい
羽生結弦	7000万~8000万円	2022年7月、競技引退し、プロとして生きることを表明したが、その後も変わらずの人気
木村拓哉	7000万~8000万円	日産の「やっちゃえNISSAN」のフレーズが印象的。SMAP解散後もキムタク人気は健在
東出昌大	4500万~5000万円	順調に俳優キャリアを積んできたが、不倫騒動でちょっと足踏み。今後の活躍に期待
賀来賢人	3500万~4000万円	『半沢直樹』の熱い証券マン。『今日から俺は!!』で金髪ヤンキー。何でもこなす人気者

３人のスポーツ選手がランクイン。選手として活躍する期間は決して長くないかもしれないが、トップになればこうして稼ぐことができる（『週刊ポスト（小学館）／2020年10月25日』を参考に作成）

女子アナCMギャラ上位

名前	金額	コメント
滝川クリステル	6000万~7000万円	「お・も・て・な・し」バブルも一息ついた感のある滝クリ。でもまだ人気は高い
田中みな実	4000万~4500万円	写真集がベストセラーになったが、男性より女性からの支持が急上昇している
加藤綾子	4000万~4500万円	フリー転身当時はオファーが殺到したが、近年は田中みな実に押され気味なのだとか
高島彩	3500万~4000万円	子育てに専念し、活動を抑えていたが、2022年Jトラストグローバル証券のCMで復活
新井恵理那	2500万~3000万円	テレ朝『グッド!モーニング』に抜擢されて人気が爆発。人柄もよくスタッフ人気も高い
鷲見玲奈	2500万~3000万円	かつてスキャンダラスな報道もあったが、フリー転身後はあけすけキャラで人気上昇
宇垣美里	2000万~2500万円	美容脱毛サロン「ミュゼ」で披露した美ワキに注目が集まった
ホラン千秋	2000万~2500万円	バラエティ番組から報道まで幅広く活躍。ハーフタレントの中でも頭一つ抜けている
高橋真麻	1500万~2000万円	個人事務所から父の高橋英樹とともに他事務所に移籍。人気の割にお求めやすい価格設定

帯のニュース番組や情報番組に起用されれば毎日のようにテレビに出演することになる女子アナ。自ずと知名度は上がり、CMに起用したがる企業も多い（『週刊ポスト（小学館）／2020年10月25日』を参考に作成）

天国

「女子アナならどこでもいい」はNG

キー局は姫扱いで引退後も億の収入
地方局はAD業も兼務で疲労困憊

地獄

ニュースを読んだり、バラエティで司会を務めたりと、テレビで活躍する女子アナたち。実は職業は同じはずなのに、大手民放キー局と、地方ローカル局とでは、収入や仕事内容に天と地ほどの格差が存在する。

知性と美しさを兼ね備えた女性アナウンサー（以下、女子アナ）は、女性たちが憧れる職業のひとつ。そのため、民放キー局5社とNHK、大手テレビ局各局の就職倍率は、例年750倍を超えるという。そして、過酷な就活を乗り越えて、大手テレビ局に正規採用されれば、高収入と安定が約束されるのだ。

まさに〝狭き門〟と言える民放キー局の初任給は、月給25万円前後。一般企業の初任給よりも少し高いくらいだが、その後、高い好感度を獲得した女子アナは順調に昇給・昇格を続け、30代で年収1000万円を超えるケースもあるそう。

また、フリーアナウンサーに転向しても、

キー局人気アナは独立しても将来安泰

天国

才色兼備！出身大学別女子アナランキングトップ5

順位	出身大学	人数	
1	慶應義塾大学	87人	2010年入社の水卜麻美（日テレ）や2013年入社の弘中綾香（テレ朝）など、慶應の女子アナはバラエティ豊か
2	早稲田大学	44人	1995年入社の下平さやか（テレ朝）、1988年入社の八木亜希子（フジ）といった女子アナブームの立役者を多く抱える早稲田
3	上智大学	41人	2002年入社の大橋未歩（テレ東）、2000年入社の政井マヤ（フジ）など、上智の女子アナは芸達者
4	立教大学	27人	2006年入社の本田朋子（フジ）、2013年入社の小林由未子（TBS）など、都会的な香りの女子アナなら立教
5	青山学院大学	25人	2009年入社の田中みな実（TBS）、1994年入社の木佐彩子（フジ）など、女子アナの枠を超えた人気者を多く抱える

1980年代～2020年までの主要アナを中心に、民法キー局とNHKの300人を集計

（小学館『週刊ポスト』2020年11月の記事を基に作成）

地獄

地方アナは地元での知名度は抜群でも……

すでに顔が売れ、人気が出ていれば、女優業や写真集発売など様々なオファーが舞い込み、仕事の幅も広げ放題。億を稼ぐ猛者（もさ）もいる世界だ。

　このようにきらびやかなイメージが強い女子アナだが、地方ローカルテレビ局だとそうはいかない。

　地方局は人手が足りないため、ロケ現場ではタイムキーパーやカメラマン、ＡＤなど制作の仕事をアナウンサーが兼務しなければならないのだ。

　技術職が多い男社会でマルチなスキルが求められるが、収入はキー局アナの半分以下という、シビアな現実に直面する。

　民放キー局の就職戦争に敗れた学生は「アナウンサーになれるならどこでもいい」なんて、地方ローカル局を目指しがちだ。しかし地方では、華やかさとは無縁の、ハードな生活が待ち受けているかもしれないのだ。

天国

賞レース覇者はその場で人生が変わる
売れなければ50過ぎてもアルバイト生活

売れれば極貧時代は逆にネタ

地獄

テレビや劇場だけでなく、今やあらゆるメディアで大活躍しているお笑い芸人。売れる、売れないで大きな格差があることはよく知られているが、実際に儲けまくる芸人はどのようなコースを歩んだのだろうか。

いま日本で最も「成り上がり」感のある職業といえば、お笑い芸人ではないだろうか。売れない時は極貧のバイト生活が続くが、ひとたびブレイクすればあっという間に年収1億円オーバー。一等地に家を建て、美人女優と浮名を流すなど、一気にセレブの仲間入りを果たせる。

そもそも芸人の世界は徒弟制であり、かつては師匠に弟子入りして身の回りの世話をしながら修業するというスタイルだった。現在では、養成所に入るのが一般的だ。各芸能事務所が経営するお笑いスクールがあり、まずはそこに入学して業界のイロハを学ぶ。もちろん、オーディションなども頻繁に行われて

売れればすべてが手に入る

「笑いの殿堂」がキャッチフレーズのなんばグランド花月（大阪市中央区）。吉本興業の運営だが、ライバルである松竹芸能の〝ますだおかだ〟などの出演歴もある

バイトから抜け出せずに初老に…

いるので、スクールに通わなくても、才能さえあれば即ステージに立つことも不可能ではない。

お笑い芸人に免許証はない。自ら「お笑い芸人」と名乗れば、その時点で芸人だ。さらに舞台に出たり、人前で芸を披露する機会があれば「プロ」と言える。

「でもいきなり売れる芸人はほんのわずかです。ほとんどの芸人はプロとして歩み始めてもその収入だけでは生活できず、アルバイトの毎日です。家族や恋人に生活を支えてもらうヒモ芸人も多い。でも食えない時代は、あらゆる芸人にとって定番ネタです。信じられないような過酷なアルバイトの体験談や、極貧でどうやって飢えを凌いだかといったエピソードは、鉄板のトークネタになるんですよ。僕の場合、結局売れなかったので宝の持ち腐れですが（笑）」（元芸人のサラリーマン）

下積み時代は1ステージのギャラが500

円で、さらに源泉徴収された、なんていうのはよく聞く話だ。それでもギャラが出るだけマシなほうで、ライブに出られたとしても、チケットノルマがあり、枚数が捌(は)けなければ自腹を切るなど、芸人をやればやるほど借金が嵩(かさ)んでいくという地獄もある。

あきらめどころを見失う初老芸人

そんな辛い下積み時代を乗り越え、テレビのバラエティ番組などに出られるようになっても、初めのうちは1回の仕事で5000〜1万円ほど。レギュラー番組を持つと1本数万円ほどになり、冠番組になってようやく数十万単位になる。

ただ、テレビだけが稼ぎ場ではない。地道な「営業」が何より大切だ。

業界ではお笑いライブやイベント、地域で行われるお祭りの余興などでネタを披露することを「営業」と呼ぶ。息の長い芸人は必ず豊富な営業先を持っている。地味だが確実に稼ぐことができる仕事なのだ。

ただ、ご存じのように一夜にして化けることができるのもこの世界の面白いところ。

漫才なら「M－1グランプリ」、コントなら「キングオブコント」、ピン芸人なら「R－1グランプリ」、女性芸人の「THE W」などで優勝すればその場で人生が変わる。

「でも、これも良し悪しなんですよ。2021年のM－1で錦鯉(にしきごい)が優勝したでしょ。長谷川雅紀さんは当時50歳でした。もちろん大ブレイクしたんですけど、彼のおかげで才能ないくせに〝俺もまだまだイケる〟って勘違いしてあきらめるきっかけを見失う初老芸人が各事務所で増えちゃっているんです。おかげで業界の高齢化が大変なことになってます」（前出元芸人）

お笑いの世界にも、笑えない現実が迫っているようだ。

M-1歴代グランプリ

年度		グランプリ	参加組数	ファイナリスト
2022年	第18回	**ウエストランド**	7,261組	真空ジェシカ／ダイヤモンド／ヨネダ2000／男性ブランコ／さや香／ウエストランド／キュウ／カベポスター／ロングコートダディ／オズワルド
2021年	第17回	**錦鯉**	6,017組	モグライダー／ランジャタイ／ゆにばーす／ハライチ／真空ジェシカ／オズワルド／ロングコートダディ／錦鯉／インディアンス／もも
2020年	第16回	**マヂカルラブリー**	5,081組	マヂカルラブリー／おいでやすこが／見取り図／錦鯉／ニューヨーク／オズワルド／インディアンス／アキナ／ウエストランド／東京ホテイソン
2019年	第15回	**ミルクボーイ**	5,040組	ミルクボーイ／かまいたち／ぺこぱ／和牛／見取り図／からし蓮根／オズワルド／すゑひろがりず／インディアンス／ニューヨーク
2018年	第14回	**霜降り明星**	4,640組	霜降り明星／和牛／ジャルジャル／ミキ／かまいたち／トム・ブラウン／スーパーマラドーナ／ギャロップ／見取り図／ゆにばーす
2017年	第13回	**とろサーモン**	4,094組	とろサーモン／和牛／ミキ／かまいたち／スーパーマラドーナ／ジャルジャル／さや香／ゆにばーす／カミナリ／マヂカルラブリー
2016年	第12回	**銀シャリ**	3,503組	銀シャリ／和牛／スーパーマラドーナ／さらば青春の光／アキナ／ハライチ／カミナリ／スリムクラブ／相席スタート
2015年	第11回	**トレンディエンジェル**	3,472組	トレンディエンジェル／銀シャリ／ジャルジャル／タイムマシーン3号／スーパーマラドーナ／和牛／メイプル超合金／馬鹿よ貴方は／ハライチ
2010年	第10回	**笑い飯**	4,835組	カナリア／ジャルジャル／スリムクラブ／銀シャリ／ナイツ／笑い飯／ハライチ／ピース／パンクブーブー
2009年	第9回	**パンクブーブー**	4,629組	ナイツ／南海キャンディーズ／東京ダイナマイト／ハリセンボン／ 笑い飯／ハライチ／モンスターエンジン／パンクブーブー／NON STYLE
2008年	第8回	**NON STYLE**	4,489組	ダイアン／笑い飯／モンスターエンジン／ナイツ／U字工事／ザ・パンチ／ NON STYLE ／キングコング／オードリー
2007年	第7回	**サンドウィッチマン**	4,239組	笑い飯／ POISON GIRL BAND ／ザブングル／千鳥／トータルテンボス／キングコング／ハリセンボン／ダイアン／サンドウィッチマン
2006年	第6回	**チュートリアル**	3,922組	POISON GIRL BAND ／フットボールアワー／ザ・プラン9／麒麟／トータルテンボス／チュートリアル／変ホ長調／笑い飯／ライセンス
2005年	第5回	**ブラックマヨネーズ**	3,378組	笑い飯／アジアン／南海キャンディーズ／チュートリアル／ブラックマヨネーズ／品川庄司／タイムマシーン3号／麒麟／千鳥
2004年	第4回	**アンタッチャブル**	2,617組	千鳥／タカアンドトシ／東京ダイナマイト／トータルテンボス／南海キャンディーズ／ POISON GIRL BAND ／笑い飯／アンタッチャブル／麒麟
2003年	第3回	**フットボールアワー**	1,906組	千鳥／麒麟／スピードワゴン／笑い飯／2丁拳銃／アメリカザリガニ／フットボールアワー／りあるキッズ／アンタッチャブル
2002年	第2回	**ますだおかだ**	1,756組	アメリカザリガニ／おぎやはぎ／ダイノジ／テツandトモ／ハリガネロック／フットボールアワー／ますだおかだ／笑い飯／スピードワゴン
2001年	初代	**中川家**	1,603組	アメリカザリガニ／おぎやはぎ／麒麟／キングコング／チュートリアル／ DonDokoDon ／中川家／ハリガネロック／フットボールアワー／ますだおかだ

「M-1グランプリ」の受賞者は全組今でも活躍し続けている。あらゆる意味でお笑い界を牽引していると言っても過言ではない

天国

頂点はAKB48・坂道グループ 地下アイドルのさらに下の「地底」とは

序列は地上→半地下→地下→地底の4段階

地獄

2010年頃に始まったと言われ、現在まで続くアイドル戦国時代。地下アイドルグループが勢いを増すなか、坂道グループやAKB48グループのブランド力は今もなお健在だ。しかし、アイドルの世界はそれだけではない。

今や、名乗れば誰でも〝アイドル〟になれる時代だ。地上波のテレビ番組に数多く出演し、ドームやアリーナ規模の会場でライブを行うアイドルもいれば、SNS上で細々と活動しているアイドルまでその数は数万人の規模と言われる。

昨今のアイドル業界は、明確なピラミッド構造ができている。頂点に君臨するのが、秋元グループやハロプロなどのメジャーデビューしている「地上」アイドル。その下の「半地下」はメジャーレーベルからデビューを果たしているが知名度はさほどでもない層で、その下が「地下」となる。半地下層はメディアへの露出や1000～2000人規模の会

地上から地底まで、今でも多くのアイドルが集まる街、秋葉原（東京都千代田区）。アイドルに会えるカフェなども多く、ファンにとっては天国のような場所だ

場でのライブも多く、特典会などの形式でファンと触れ合える場も設けられている。

「一番母数が多いのはその下、インディーズの『地下』アイドルでしょう。地下アイドルがライブのチケット代で手にするバックは雀の涙ですが、チェキ券や握手券の売り上げが良ければかなり稼げます。私も現役時代は、1回1000円のチェキ券を毎回30枚以上買ってくれる太客（太っ腹の客）がいたので、事務所と折半しても1公演で1万5000円くらい儲けていました」（元地下アイドル）

チェキ券を購入すると、インスタントカメラで推しメンと2ショットが撮れるのだ。

そして、地下よりもさらに下に位置するのが「地底」アイドルである。

「地底アイドルは、オリジナル曲もなければ、衣裳は市販のコスプレグッズ、物販コーナーではファンが売り子をしてくれるようなアイドルを指します」（同前）

太客さえいれば チェキ券で収入は安定

天国

売れてないけど売り上げはある

業界内での扱われ方は、当然、地上→半地下→地下→地底と、序列に比例する。しかし稼ぎの面では、必ずしも地上アイドルがトップを走っているわけではない。

「地下アイドルはチェキの売り上げが主な収入源なので、知名度が低く、世間的に売れていなくても、毎回熱心にチェキ券を買ってくれる太客さえいれば安定した収入が得られます。コロナ禍でも、地下アイドルが所属しているような小さな事務所は柔軟に動きやすかったので、ボイスメッセージや動画を販売するネット物販でしのいだところもありました。大手芸能事務所だとなかなか思い切った動きはできませんから、地下ならではの強みだと思います」（同前）

支払い形式は各事務所の方針によるが、当然仕事量がギャラに直結する。坂道グループやAKBグループに所属していても、仕事の少ない〝非選抜メンバー〟の立場では、月収数万円が現実なのだとか。

「地上アイドルといえど、大人数グループになればたくさん仕事を回してもらえるのは、知名度のある数人のみ。それ以外は貧乏生活だけど、グループや事務所の名前があるのでおちおちバイトもできず、自宅で待機するだけの日々です」（アイドル事務所関係者）

一方の地下や地底アイドルは、メジャーレーベルや大手事務所の縛りもないためアルバイトもある程度自由だ。「現役アイドル」という肩書を武器にメイドカフェや執事カフェなど一定のコンセプトで営業する、コンカフェやパパ活といった副業で稼いでいる女性も少なくないという。

しかしそちらに軸足を置くと、地底よりもっと深い地獄の入り口に足を踏み入れてしまうことになるような気がするのだが……。

アイドル業界のピラミッド構造

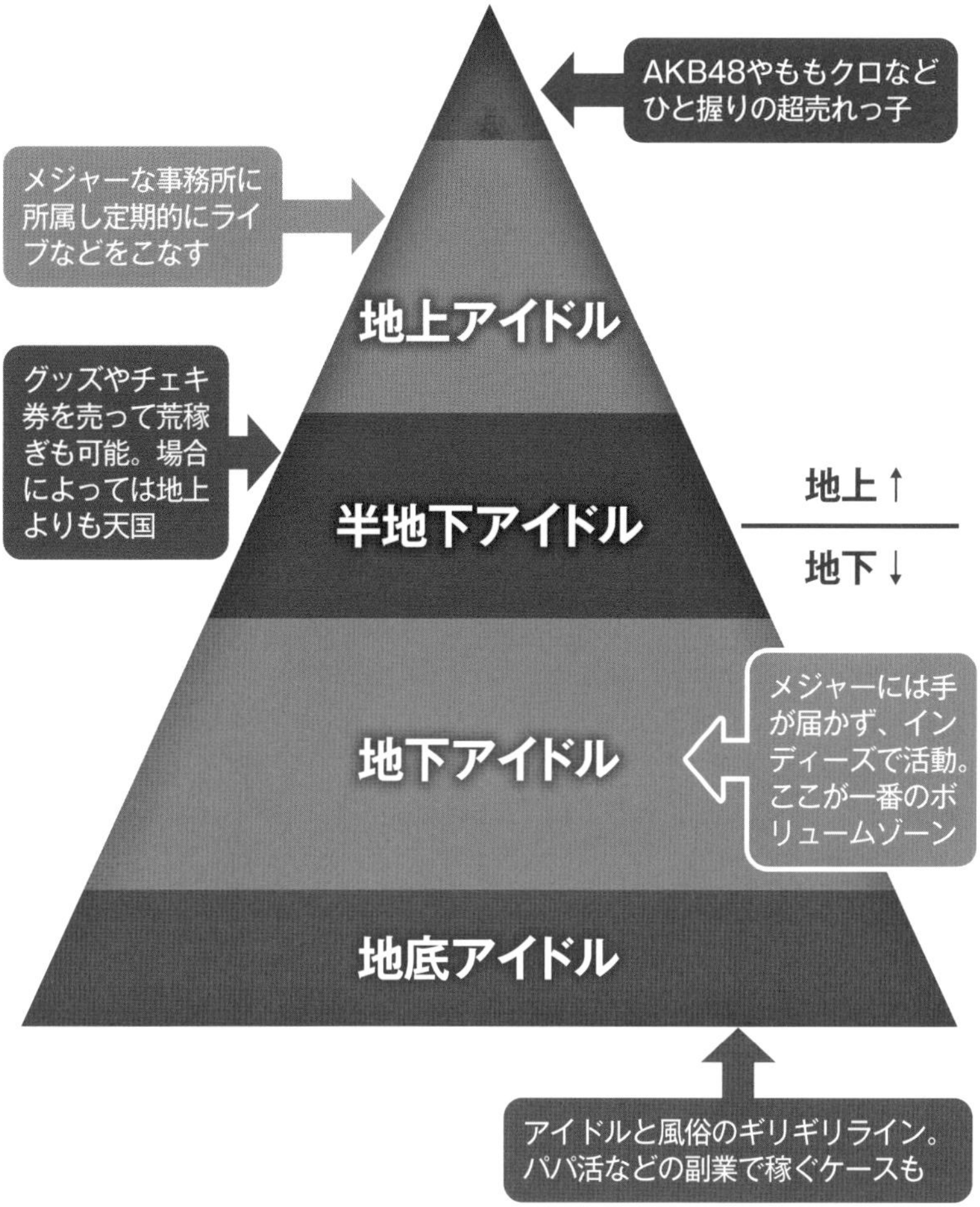

AKB48やももクロなど
ひと握りの超売れっ子

メジャーな事務所に
所属し定期的にライ
ブなどをこなす

地上アイドル

グッズやチェキ
券を売って荒稼
ぎも可能。場合
によっては地上
よりも天国

半地下アイドル

地上↑

地下↓

地下アイドル

メジャーには手
が届かず、イン
ディーズで活動。
ここが一番のボ
リュームゾーン

地底アイドル

アイドルと風俗のギリギリライン。
パパ活などの副業で稼ぐケースも

パパ活で稼ぐ地底アイドルも

テレビでよく見るあの人のお金事情

「芸能人」枠なら1番組数十万円 「文化人」枠は1番組3万円

メディア出演時のギャラというと世間的には高額な印象があるが、芸能人か文化人かで、その額は天と地ほどの差がある。知名度があっても薄謝で出演せざるを得ない文化人たちは、青息吐息のようだ。

メディアには「芸能人枠」と「文化人枠」という謎の区分けがあり、どちらに属しているかでギャラの額は大きく異なる。芸能人枠は芸人や俳優、各種タレントなどメディア出演を生業(なりわい)としている人が多い。一方、文化人枠はジャーナリストや学者などメディア出演以外に本業を持っている人が振り分けられる。

「ある程度知名度があり人気度ランキングなどに登場するようなタレントであれば新人でもひと番組最低10万円程度。中堅クラスなら20万～30万円程度です」(キー局関係者)

一方、文化人枠は知名度がある人でもギャラは情報番組の出演で2万～3万円ほど。コメンテーターとしてフルで番組に出演しても

「芸能人」枠ならホクホク

テレビタレントのイメージ調査人気度

順位	タレント名	人気度
1	サンドウィッチマン	64.8
2	大谷翔平	59.5
3	阿部寛	53.6
4	明石家さんま	52.7
5	マツコ・デラックス	52.6
6	千鳥	50.8
6	大泉洋	50.8
8	ムロツヨシ	49.4
9	内村光良	48.8
10	所ジョージ	47.6
10	相葉雅紀	47.6

順位	タレント名	人気度
1	綾瀬はるか	58.8
2	新垣結衣	54.5
3	長澤まさみ	50.1
4	天海祐希	49.7
5	芦田愛菜	46.7
6	阿佐ヶ谷姉妹	41.2
7	北川景子	41.1
8	杏	40.9
9	渡辺直美	40.5
10	いとうあさこ	40.2

出演料の目安にもなる人気度。お笑いタレントやスポーツマン、俳優まで幅広い

（株式会社ビデオリサーチ「テレビタレントイメージ調査 2022年8月度」より）

地獄

番組フル出演でも5万円

5万〜8万円程度だ。本業の収入もあり、メディア出演が著書などの宣伝になるという理由にかこつけて低く抑えられているようだ。

「私のような評論家は、ラジオ出演だと高くて3万円程度。電話出演は5000円程度が多く、早朝や忙しい時間帯などは費用対効果を考えて依頼を断ることも少なくありません」（経済評論家）

テレビ局に関して言えば、関西や東海地方の準キー局では文化人へのギャラは相対的に高いのだそう。

「ただテレビ離れのおかげで広告収入が下がっている分、うち（在京キー局）の場合、番組制作費も毎年5％ずつ下がっています。それに応じて出演者さんへの支払いも絞っている。今後はネット媒体のほうが勝ち組になっていくかもですね」（前出キー局関係者）

いかに芸能人枠に入ろうとも、天国が続く保証はないようだ。

天国

5%の超難関試験を突破してはみたものの

毎日テレビに出れば人気タレント並み
気象会社に就職し年収300万円台

地獄

合格率5%の難関国家資格として有名な気象予報士。しかし、試験に合格してもお天気キャスターとして活躍できるのはほんの一部の人だけだ。多くの合格者は別の道を歩んでいる。

気象予報士と聞くと、誰もが思い浮かべるのが新井恵理那や木原実、天達武史といった情報番組の天気予報コーナーで活躍するお天気キャスターだろう。お天気キャスターの多くは芸能プロダクションなどに所属している。毎日のようにテレビに出演することで知名度は人気タレント並みだ。これをテコに、書籍を発売したりバラエティ番組にゲストとして出演したりで荒稼ぎも可能。

しかし、すべての気象予報士が彼らのように稼いでいると考えるのは大間違いだ。お天気キャスターとして活躍できているのは、合格率5%の超難関を突破した気象予報士試験の合格者約1万人のうち、ほんの数十人でし

お天気キャスター人気ランキング

順位	名前	番組	概要
1	木原実	『news every.』(日本テレビ系)	俳優活動を経て1995年に気象予報士試験に合格。今や日本テレビのお天気キャスターの顔のような存在だ
2	新井恵理那	『情報7daysニュースキャスター』(TBS系)	人気アナウンサーでお天気コーナーでも実力を発揮。天気予報で使うイラストは自身の手によるもの
3	天達武史	『めざまし8』(フジテレビ系)	元料理人という異色の経歴を持つ。フジテレビの『めざましテレビ』で人気が定着
4	ガチャピン	『Live News イット!』(フジテレビ系)	人間以外からのランクイン。言わずと知れた『ポンキッキーズ』の人気キャラクターだ
5	依田司	『グッド!モーニング』(テレビ朝日系)	1997年からお天気キャスターを務める実力派。最近ではドラマ出演などもこなすほどの人気だ
6	蓬莱大介	『情報ライブ ミヤネ屋』(日本テレビ系)	主に関西方面で人気の高いお天気キャスター。テレビだけでなくラジオ媒体でも活躍
7	森田正光	『Nスタ/月・火』(TBS系)	気象予報会社 ウェザーマップの立ち上げ人で現在は会長。日本の気象予報界のご意見番のような存在
8	斉田季実治	『ニュースウオッチ9』(NHK総合)	主にNHKで活躍。『新・いのちを守る気象情報』(NHK出版/2021年)など著書も多数
9	くぼてんき	『ZIP!』(日本テレビ系)	アフロヘアがトレードマーク。劇団に所属し、紙芝居師としても活動
10	森朗	『ひるおび』(TBS系)	主にTBSの番組で活躍。株式会社ウェザーマップの代表取締役社長だ

(オリコンが毎年行うランキング〈2022年版〉を参考に作成〈ランキング部分のみ〉)

かない。民間気象会社のスタッフが説明する。

「気象予報士の国家資格さえ取れば一生安泰だと思うかもしれませんが、実態はまったく違います。予報士の全国組織である日本気象予報士会によれば、予報士の大半は単に趣味で資格を取ったり、電力会社や航空会社、自治体などに勤務したりしている人だそうです。資格を持つ約1万人のうち、気象業界で働いているのは1000〜2000人程度です」

その気象業界で働く人にしても、多くは高給取りとは言い難い。気象情報サービスを提供する企業の場合、契約社員での採用が多いことから年収は300万円から400万円程度と言われる。しかも、24時間3交代制で気象データを監視して顧客に情報を提供する激務で、残業も日常茶飯事。生活に不可欠な情報を取り扱う難関資格のわりにはハードなため、心身が悪天候に見まわれることもある仕事だ。

天国

売れっ子は会議で10分しゃべって年収数千万円！出演者に怒鳴りつけられるジリ貧作家

テレビの裏側のシビアな現実

放送作家はテレビ番組を支える縁の下の力持ち。人脈とセンスで多数のレギュラー番組を勝ち取れば、年収1000万円超も夢ではない。しかし、成功するのはごく一部。大多数は年収200万円以下の極貧作家。

テレビ番組やラジオ番組の企画立案、台本作りを担う放送作家。かつては、ラジオのハガキ職人が番組ディレクターに拾われたり、お笑い芸人が放送作家に転身するケースが多かったが、最近は間口が広がっているという。

「今は、放送作家養成学校を卒業してフリーになる人もいれば、放送作家事務所に所属して仕事を受けたりなど、業界入りの方法は多様化しています。ただ、そこから先は人脈と実力勝負の世界なので、将来の保証もなければ、安定もない。それは、昔も今も変わらないですね」（テレビ局関係者）

事実、コネも仕事もない若手は極貧生活を強いられるケースが多い。事務所の給与はお

超人気放送作家は花形だけど

放送作家の格差

	売れっ子放送作家	ジリ貧放送作家
年収	数千万円	200万円程度
仕事	会議に少しだけ顔を出してチラッとアイディアを出すだけで「先生」と呼ばれる	番組のための下調べ。先輩作家の雑用。ネタ出し。番組出演のための人探し
人脈	人気番組のメイン作家となれば、タレントたちと仲良くなり、プライベートでお付き合いも。人気芸人と友達というだけで大きな顔をしている作家もいる	制作会社に所属している作家は製作陣と交流を持つこともあるが、完全にフリーな作家は、売れていないと業界で孤立、上にあがろうにもあがれない
日常	都内の一戸建てから車でテレビ局へ	安アパートに暮らし、依頼があったときだけ制作会社やテレビ局に自転車で向かう

（現役放送作家の監修のもと作成）

下積み時代は人扱いされず

よそ月15万円ほどで年収は200万円以下。フリーの場合は仕事がなければ収入もゼロだ。「下働きの時期は先輩作家に頼まれて新規企画を考えたり、テレビ映えしそうなエッジが利いた素人を探したりと、雑用ばかり。番組の内容に納得できない芸人に、若手作家が怒鳴られているのを見たことがあります」（同）

一方、鈴木おさむや小山薫堂などの大御所放送作家は、かなりの高給取り。レギュラー1本のギャラは10万～20万円に跳ね上がり、ひと月40万～80万円。それを何本も掛け持ちしているので、年収数千万円超のプレーヤーも存在する。とくに多忙を極める売れっ子の場合、会議に10分だけ参加しても同様のギャラが発生するそう。彼らに仕事が集中していることや、テレビ局の経費削減の影響で若手に仕事が回ってこないという悪循環にも陥っている。放送作家で売れるのは、芸人で一旗揚げるのと同じくらいハードルが高いようだ。

歴史を積み上げたギャラの差

看板役者クラスは1公演で数百万円
端役は危険技をやっても月給手取り20万円

地獄

日本が誇る伝統芸能の「歌舞伎」。しかし、裏を返せばガチガチの世襲制が敷かれているので、外部から入った人材はどんなに才能があっても日の目を見るのは難しいのだとか……。

日本の伝統芸能のなかでも大衆人気の高い「歌舞伎」。この業界、伝統と格式を重んじた世襲制で、成田屋、音羽屋などの一門が持つ名跡を受け継ぐことができるのは、原則としてその一門の家に生まれた者だけ。代々の血を受け継いだ御曹司は、スター役者の道を歩む。そして大名跡を襲名した看板クラスの役者ともなれば歌舞伎の本公演（25日間）だけでトータル５００万〜７００万円を稼ぐという。

この他にも、地方公演や、テレビ・CM・イベントへの出演などでも莫大なギャラを獲得。さらに後援会やタニマチからも様々な援助があり、その年収は1億円を超える。実際、

昔も今も〝千両役者〟が君臨

浅草にある市川團十郎像。代々受け継がれる歌舞伎界のスーパー名跡だ。長らく空席だったが22年に市川海老蔵が十三代目團十郎を襲名。梨園も盛り上がりを見せている

地獄

外部から入った「名題下」は月20万円

かつて公開されていた長者番付で歌舞伎界のトップは十二代目市川團十郎の推定年収1億4100万円だった（04年の数字）。1億円は江戸時代の千両に換算される。今も昔もトップスターは千両役者なのだ。

対して、歌舞伎役者になるために外部から入門する者たちもいる。彼らはまず「日本芸術文化振興会」に入会し、ここで2年間の厳しい研修を受ける。卒業すると「名題下（なだいした）」として長い下積み生活が始まるがスターへの道は遠い。そこで与えられるのは端役やトンボを切る（宙返り）役など。役者修業だけでなく、師匠やその家族の世話までして給料の手取りは概ね月収20万円前後だ。名題下から、主要な役回りを演じる「名題俳優」になれる者はいるが、主役級まで上り詰める例は少ない。

歌舞伎は、生まれる家により、境遇が大きく左右される世界なのである。

かつては裏方、今やフロント

成功組はアイドルの仲間入り 代表作ナシのベテランほど苦境

地獄

かつては表舞台に登場することのなかった「声優」だが、昨今はメディアへの露出も増え、一部ではアイドル並みの人気を獲得している。声優の給料事情は意外と複雑だ。

あまり知られていないが、声優の出演料はデビューからの年数による「ランク」で決定する。多くの声優は日本俳優連合に加入しており、その場合デビューから3年までは「ジュニア」と呼ばれ、主役だろうと、台詞(せりふ)がひと言の通行人だろうと、1本1万5000円が規定だ。そこから、ランク15で1万5000円、16で1万6000円、17で1万7000円……と刻んでいき、マックスはランク45で4万5000円となる。

また、ランク45よりも上の「ノーランク」になれば声優本人がギャラを交渉できるが、この域に到達できる声優は数えるほどしかいない。

駆け出しでもアイドル扱いで天国

声優のギャランティー見取り図

（日本俳優連合の例）

ベテランの経歴が仇になることも

近年は声優のアイドル化が進んでいる。見栄えがよく、歌って踊れる声優ならＣＤや写真集を発売したり、タレントさながらバラエティ番組に出演したりと仕事の幅も増える。

なお、ジュニア以上は作品の長さによって「時間割増率」、再放送などの際に入る「転用料率」などがギャラに上乗せされる。年数のほか、技量や人気によってもランクは上がっていく。ただランクを上げさえすればいいのかと言えば、そうとも言い切れない。

ランクが上がるほどギャラが上がるから、制作サイドとしては、人件費を抑えるために上位ランクの声優を起用したがらない傾向にある。

何年も放映され続けている国民的アニメのレギュラーなど、堅い仕事を持っていれば話は別だが、そうでなければ声優学校の講師などのアルバイトで食いつなぐ生活が待っているのだ。

天国

小学生のなりたい職業ランキング1位

トップユーチューバーは年収億超えも月収1万5000円未満がほとんど

ベネッセコーポレーションが2021年に実施した調査で「小学生がなりたい職業」1位に輝いたユーチューバー。注目度が右肩上がりで華々しく見える業界だが、専業で食べていける人間はごくわずかのようだ。

ユーチューバーの推定年収上位100人の中央値は約3200万円、さらに上位10人ともなると年収は億を超えると言われている。ある程度人気が出てくると、800万〜900万円は稼げるという。ただ、収入のカラクリはあまり知られていない。

ユーチューバーの主な収入源は再生するごとに表示される広告の収益だ。マスに同時発信するテレビなどに比べ、ユーザーの属性ごとに配信されるユーチューブCMの広告効果は年々評価が上がっている。

企業の商品やサービスを紹介するタイアップ動画の報酬も大きい。売れっ子ともなれば、タイアップ動画1本で100万円を超えるケ

タイアップ1本が100万円の勝ち組

人気ユーチューバーのトップクラスは年収５億円以上を稼ぐという推計もある。小学生が憧れるのも納得だ（写真はイメージ）

炎上して消えたユーチューバーも

ースもある。さらに視聴者から直接投げ銭で報酬を得る「スーパーチャット」という機能もあり、これらを駆使して億を稼ぐ猛者（もさ）もいるのだ。ただそこに至る道は平坦ではない。基本となる広告収入ですらハードルは高い。チャンネル登録者１０００人以上、直近90日間の動画視聴回数１０００万回以上などの条件を満たし、「ＹｏｕＴｕｂｅパートナープログラム（ＹＰＰ）」の審査を通過しなければ広告収益を得ることはできない。

アカウント所有者のうち、動画投稿で収入を得ている者は10％程度。「ＹＰＰ」認定者ですらユーチューバーとしての平均月収は75％が１万５０００円未満だ。

ほとんどが他に本業を持っていたり、バイト掛け持ちの生活なのである。バズらせたいがために、過激な動画をアップして炎上、罪に問われたケースもある。小学生が夢見るような職業ではないのかもしれない。

シビアな人気商売の現実

金銭面では『笑点』レギュラーが最高峰 前座より「二ツ目」が苦しい

現在、落語家として活動している人は、およそ800人。そのうち半分ほどが「真打ち」と呼ばれる師匠格だが、同じ「真打ち」でも、「あの番組」に出演しているかどうかで、その収入格差は10倍以上となる。

「見習い」に始まり、「前座」「二ツ目」「真打ち」と昇進していく落語家の世界（上方は異なる）。「見習い」は、師匠について身の回りの世話などを行い、「前座」になると高座で噺（はなし）を披露することができるようになる。「二ツ目」に上がれば雑用もなくなり、自分で営業して様々な活動をすることも可能だ。「真打ち」に昇進すれば、弟子を取って一門を構えることもできる。

さらに、落語の世界はひと言で言えば「シビアな人気商売」だ。売れれば高座の出演料は跳ね上がるし、テレビやCMに出演すれば億を超える年収を稼ぐこともできる。

その意味では落語界には明確な「天国」が

人気落語家なら1回100万円も普通

落語家の収入

	高座のギャラ	生活
真打ち	10万円～	二ツ目時代を10年ほど辛抱して実力が伴えば、真打ちとなり、弟子を取ることもできる。ギャラも一気に10万円程度になる。人気が出れば独演会のチケットも売れ、メディアの出演も増える。努力しだいで数千万円の収入も夢ではない
二ツ目	3万～5万円	見習いや前座時代のように雑用がなくなる。その分「お小遣い」もなくなる。袴をつけることができるようになるので見た目は噺家らしくなる。楽屋に毎日行かなくてよくなり、高座の数が減る。その分自分で営業しなければならない。
前座	1万円程度	やっと高座で落語を披露できる。開演を知らせる太鼓を打つのも前座の役目。楽屋で、師匠や兄弟子たちの雑用もこなす
前座見習い	師匠からのお小遣い	協会登録前の見習い期間。師匠について業界のイロハを覚える。給料はなく、師匠からもらうお小遣いが生活の糧。楽屋には入れず、師匠や兄弟子の身の回りの世話や鞄持ちをしながら噺を覚える

（落語芸術協会の公式HPを参考に同協会の落語家の例を記した）

「二ツ目」で挫折も少なくない

存在する。それは長寿番組『笑点』のメンバーになることだ。出演者として1本40万～80万の出演料が入ってくるし、知名度が増して地方営業のギャラもアップするなど様々な恩恵を受けられる。

ただ、この天国に行けなかったとしても、真打ちまで昇進すれば高座の出演料は1本10万円ほどになり、落語だけで食べていけるようになる。

例外も多々あるが、いちばん苦しいのは「二ツ目」だと言われる。見習いや前座時代は、師匠のお世話をすると小遣いがもらえるため、少なくとも生活に困るような事態にはならない。ところが二ツ目は、自分で食い扶持を稼がなければならず、実力・人気がなければすぐに生活が行き詰まってしまう。こうした二ツ目地獄でくすぶってしまうとバイトに時間を取られ稽古ができずに落伍（語）者へ。お後がよろしいようで……。

天国

楽団内格差はないが、楽団格差は大

出番の少ない楽器も給料は同じ 自らチラシを撒いて集客する楽団員も

地獄

演奏会で荘厳な響きを奏でるオーケストラ。一般的に「フルオーケストラ」といえば80名ほどの編成になるというが、みな同じ給料をもらっているのだろうか？　意外と知らないオーケストラ楽団間の格差に迫る。

演奏会に通い詰めるクラシック音楽好きでも、オーケストラ団員の給料事情まで知っているという人は少ないのではないだろうか。現在、日本では30ほどのプロ・オーケストラ団体が活動しており、その多くは公益財団法人なので、オーケストラの団員は「団体職員」扱いとなる。さらに、そのほとんどが完全固定給制で終身雇用が基本だ。

肝心の給与だが、年齢によって多少の差はあるものの一般的に年収４００万～５００万円と言われている。楽器の種類による差はあまりなく、シンバルやハープのような出番の少ない楽器の奏者でも同額程度の給与だという。ただし、ソロなどを任されるような奏者

日本の交響楽団 推定平均年収トップ10

順位	楽団名	推定平均年収
1	NHK交響楽団	1140万円
2	オーケストラ・アンサンブル金沢	835万円
3	札幌交響楽団	782万円
4	東京都交響楽団	781万円
5	京都市交響楽団	747万円
6	読売日本交響楽団	706万円
7	日本センチュリー交響楽団	689万円
8	名古屋フィルハーモニー交響楽団	678万円
9	仙台フィルハーモニー管弦楽団	650万円
10	群馬交響楽団	647万円

1位のNHK交響楽団は1926年に設立された国内最古の伝統を持つだけあって、やはり強い（『日本のプロフェッショナル・オーケストラ年鑑（日本オーケストラ連盟）2018年版』の記述より作成）

突然の民営化で給料減

には、5～10％の手当が付くことが多い。

「楽団内ではパートが違えど給与は平等だが、楽団同士を比べるとその格差は大きくなる。たとえば1989年に大阪府営としてスタートした日本センチュリー交響楽団は、08年に府知事となった橋下徹さんが、府が運営するべきでないとして民営化されました。そこからは自治体からの援助も期待できず、楽団員は給料を減らされ、自らチラシを撒いて客集めをしている状態です」（音楽ライター）

一方で余裕のある楽団も存在する。NHK交響楽団の平均年収はなんと1140万円。ただし、求められる演奏能力も国内最高峰なので、オーディションは狭き門だ。さらにN響は定期演奏会も多く、また放送交響楽団として様々なジャンルの曲も演奏するため、団員はかなり多忙だという。しかし、楽器演奏や音楽を愛するなら、これこそ天国と言えそうだ。

著作権印税は作詞・作曲者にがっぽり 作詞・作曲できないメンバーはげっそり

作詞・作曲できるボーカルなら敵なし

憧れの職業であるバンドマンだが、安定して稼ぐには「売れる」しかない。作詞・作曲した曲がヒットすれば権利ビジネスで大儲け。ダメでも裏方にまわって音楽業界の端っこで生きていくことは可能だが……。

バンドの成功とは「売れる」ことに尽きる。ヒットを飛ばし、CDや配信セールスを伸ばし、ライブの動員数を上げ、グッズなどを展開。売れさえすれば莫大な金を稼ぐことができる。

ちなみに米音楽誌『ローリング・ストーン』が発表した、2021年に最も収益を上げたミュージシャンはブルース・スプリングスティーンで、推定年収は5億9000万ドル（約674億2857万円）。これは自身の持つ全楽曲の版権を売却したボーナスも含まれており、サブスク時代にはこれが究極の稼ぎ方ということになる。

バンドという形で最も稼ぎ続けているのは「ザ・ビートルズ」だろう。2020年に米

権利売却で天文学的ギャラが

平成のバンド累計売り上げトップ5

順位	バンド名	累計売上	主なヒット曲
1	B'z	約8262万枚	1993年「愛のままにわがままに僕は君だけを傷つけない」で累積売上202.1万枚を記録
2	Mr.Children	約6001万枚	1994年「Tomorrow never knows」で累積売上276.6万枚を記録
3	DREAMS COME TRUE	約4494万枚	1995年に「LOVE LOVE LOVE／嵐が来る」で累積売上248.9万枚を記録
4	GLAY	約3880万枚	1999年に「Winter,again」で累積売上164.3万枚を記録
5	サザンオールスターズ	約3761万枚	2000年に「TSUNAMI」で累積売上293.6万枚を記録

現在のバンドシーンの盛り上がりの礎を築いた平成時代のセールスランキングだ。どのバンドもまだまだヒットを飛ばし続けている（「オリコン"平成セールス"ランキング」より作成）

モテを取るか作詞・作曲で稼ぐか

ビルボードが発表した「全米で最も稼いだアーティスト」ランキングによれば8位（14億2000万円）と大健闘している。

一方で、一度も売れないインディーズバンドマンの生活は厳しい。練習するためのスタジオ代、ライブのハコ代、CD制作費用などすべてが自腹だ。バイトや、複数のバンドを掛け持って稼ぐ人が多い。

メジャーデビューしていても、ただ歌うだけのボーカリストの収入は売り上げに見合わない。CD売り上げの際に配分される印税は、メジャーレーベルから出たCD1枚の価格のうち、バンドそのものに1%、作曲家・作詞家にそれぞれ2%の配分だ。つまり、演奏・歌唱にくわえ、作詞・作曲まで担当してようやく5%近くの印税が得られるわけだ。カラオケ印税なども作詞・作曲者に入るため、歌って、曲が作れるバンドマンでなければ、がっぽりというわけにはいかない。

天国

女高男低のプロ雀士業界

女性アイドル雀士は引っ張りだこ 雀荘バイトの〝自称プロ〟は人生ギャンブル

「プロ雀士」と聞くと、高額レートで賭け麻雀をして生活しているギャンブラーのようなイメージを抱く人も少なくないだろう。だが、現実のプロ雀士の姿は我々の想像とは大きく違っているようだ。

「プロ雀士」を定義すると、単純に「プロ団体に所属している雀士」となる。現在、麻雀業界には代表的なプロ団体が5つあり、所属するためにはプロテストに合格しなければならない。晴れて所属が叶いプロとなっても、継続して活動するには団体に対して登録料を払う必要がある。なぜカネを払ってまでプロになるのか。それは大会に出場するためだ。各団体はタイトル戦やリーグ戦を開催しており、出場するためにはプロ資格が必須なのだ。

とはいえ、こうした大会の賞金は100万円程度で、それだけで食べていくのは難しい。そんななか、2018年に「Mリーグ」が発足し、優勝賞金5000万円や、選手に対し

天国 アイドル活動で荒稼ぎ

『高宮まり×岡田紗佳　牌×牌III 週刊ポスト デジタル写真集（小学館）』。ルックスと実力に恵まれた女性雀士であれば、こうした活躍の場もある

麻雀グラビアアイドル「牌牌ガールズ」の2人

て400万円の年俸を保証するなど、破格の待遇を掲示したことで夢は広がった。

　しかし、こうしたメジャーな大会に出場できるプロ雀士はごく少数。そこで強みを発揮しているのが女性プロ雀士だ。

「ルックスの良い女性雀士は、写真集やDVDをリリースするなど、アイドル的な人気を博しています。メディア出演や、雀荘への来店イベントなどが毎日のようにあって、麻雀が強くなくても稼いでいますね」（麻雀記者）

　タレント力に乏しいプロ雀士は他の仕事をするしかない。とくに多いのが、雀荘でのバイトだ。清掃や配膳といった店内業務だけでなく、「本走」と呼ばれる、お客さんと麻雀を打つ仕事がある。ゲーム代は雀荘側が持ってくれることが多いが、勝負に負けたら、当然自腹を切る。

「本走で負けが込み、借金まみれで辞めていく人も多い世界なんです」（同前）

医療・介護のマネー格差

大画面TVに握り寿司で一泊22万円
病気の沙汰も金次第

病院の差額ベッドの真実

入院費用に大きく差がつく差額ベッド代。入院が長引いた際の負担を考えると、追加料金のかからない大部屋でいいかという気持ちになってしまうが、よく考えてほしい。値段が違えば、その快適度も雲泥（うんでい）の差なのだ。

入院時にかかる費用には、治療費や食事代の他に「差額ベッド代」がある。これは希望して個室または少人数部屋に入室した際にかかる費用で、全額自己負担だ。1日あたりの平均的な費用は個室の場合は約7000円、2～4人部屋で3000円前後と決して安くない。しかしここをケチると、同室患者のマナー問題に悩まされる入院生活になってしまう可能性もある。

一例を挙げる。東京都港区にある虎の門病

院の公式ＨＰを見ると、特別個室は、高級ホテルさながらの清潔感のあるインテリアで統一され、50インチテレビに執務作業デスク、ソファーセット、専用バストイレなどが完備された57㎡の空間となっている。食事も握り寿司に鰻、天ぷらと贅を尽くした特別メニュー。さらに、専用コンシェルジュによる生活サポートなど一般個室とは一線を画すサービスを受けることができて、お値段は一泊22万円。庶民からは高嶺（たかね）の花だ。

個室で優雅に寿司ランチ

差額ベッド代 首都圏準公的病院の場合

グレード	1日の料金	設備
特別室	4万1040円	冷蔵庫、オーブンレンジ、バス、シャワー、ウォシュレット、洗面台、クローゼット、コードレス電話、大型液晶テレビ
一般個室	2万1600円	冷蔵庫、シャワー、ウォシュレット、洗面台、ロッカー、プッシュ電話、中型液晶テレビ
一般4人部屋	5400円	冷蔵庫、シャワー、ウォシュレット、洗面台、ロッカー、液晶テレビ

今回取材した現役看護師は「特別室は設備だけでなく、看護師や医師の対応も丁寧なんですよね」と苦笑いした（『こんなにかかる医療費』（新日本保健新聞社）より）

大部屋ではトラブルも

東京都内の総合病院に勤めるベテラン看護師は次のように語る。

「病気になってまで格差を感じるのは悔しいのですが、大部屋では面会時間や消灯時間を守らず見舞い客が頻繁に訪れて騒ぐ人や、消灯時間以降もスマホを使ってクレーム対応になる患者さんがいます。大部屋にはいろんな人がいて常にトラブルが報告されます。病気を治すための病院なのですが、逆にストレスを溜め込む方も多いのが現状です」

入院時のストレスでさらなる体調悪化となれば最悪！ 病気の沙汰も金次第なのか。

入居金1億円超えの施設も

高級ホームはコンシェルジュが至れり尽くせり
メンテナンス費を削る倒産寸前のホーム

終の棲家として選んだ老人ホーム。富める者は高級ホームでゆっくり安心の老後だが、そうでない者はそれなりのホームに入るしかない。ただ、あまりにお安いところは気をつけないと。

ひとくちに老人ホームといっても種類は様々だ。自治体や社会福祉法人が運営している特別養護老人ホームは国からの補助金もあり、税金面での優遇措置を受けている。入居金も収入によって違いはあるものの、大差はない。格差が大きいのは民間企業が運営する有料老人ホームだ。

「入居金1億円以上で月々の支払いが50万円を超える超高級ホームもある一方で、月々10万円ほどで入居できる住宅型有料老人ホームの中にはいつ倒産しても不思議じゃない施設もある」（介護ジャーナリスト）

高級ホームは入居者の体調を管理するため毎日複数回、血圧や心拍数などのバイタルチ

超高級は一流ホテル並みの料理

介護事業者の倒産数

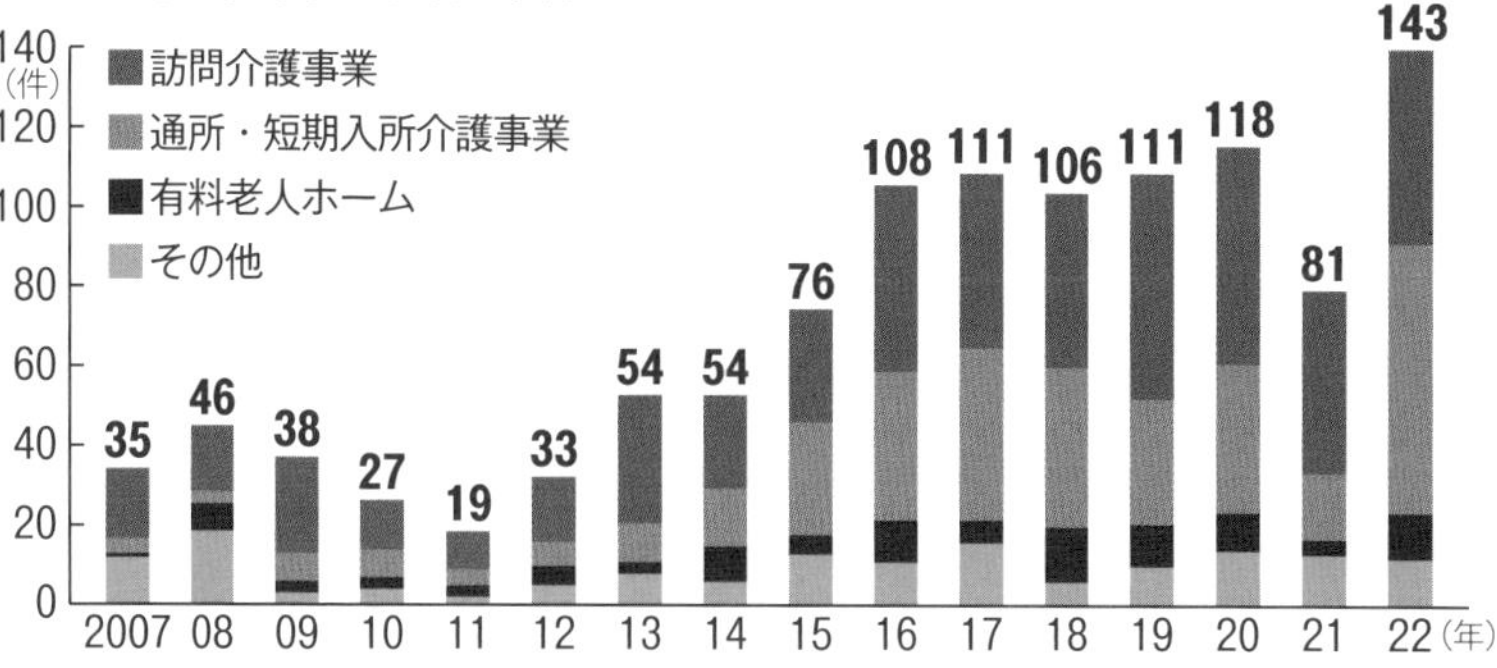

終の棲家を選んだはずなのに、倒産されては老後の計画が台無しだ。施設選びはケアマネジャーなど専門家の意見をよく聞いて決めていきたい（東京商工リサーチ資料より作成）

食費を削るため食材の質を落とす施設も

エックを行う。少しでも異変があれば提携の医師が駆けつけ、診察が行われる体制だ。コンシェルジュがいてディナーは入居者の好みや身体の状態に応じた料理が用意される。味は一流ホテル並みだ。

かたや月々10万円前後のホームの中には、他業種から参入した素人経営も多く、経営そのものが成り立っていない場合もある。

「廃病院を買い取って、大部屋をベニヤ板で仕切った部屋に利用者を押し込んでいる施設もあります。また、食費を削るために食材の質を毎年落としていると語る経営者もいます。介護事業は介護保険の仕組みの中で行われているのですが、国の負担抑制のため毎年締め付けが厳しくなっています。今後はさらに経営の厳しいホームが増えるはずです」（同前）

実際この10年で80近くの老人ホームが倒産している。終の棲家と頼りにしていたものがなくなってしまうこともあるのだ。

子供を産むならどっち？

天国

フルコース料理に高級スイーツのセレブ産院

人手不足で大混乱のハズレ産院

出産するときにお世話になる産院だが、選び方は人それぞれ。アットホームな個人病院、医療体制が充実している総合病院、値段もサービスも超一流なセレブ産院。

あまり知られていないが、出産費用は産院によって大きく価格が異なる。分娩費用として国から支給される「出産育児一時金」は一児につき原則42万円と定められているが、これでおつりが出る場合もあれば、数十万以上を追加で支払ったという人も少なくない。

正常分娩の場合、室料差額を含む平均額が最も高かったのは約62万円の東京都だ。そんな東京の、まさに天国な産院を見てみよう。

都心部でも「産院御三家」として名高く、芸能人も多く利用する超有名病院は出産専門の病棟を持っており、出産費用は100万円前後で、ラグジュアリーホテルのような室内には応接間や執務室があり、食事はフランス

産後も優雅にデザートタイム

出産費用の地域格差

平均出産費用上位5			平均出産費用下位5		
順位	都道府県	費用	順位	都道府県	費用
1	**東京都**	62万1814円	43	**大分県**	43万141円
2	**神奈川県**	56万4174円	44	**宮崎県**	42万8157円
3	**栃木県**	54万3457円	45	**沖縄県**	41万8164円
4	**埼玉県**	53万1609円	46	**熊本県**	41万5923円
5	**茨城県**	52万995円	47	**鳥取県**	39万6331円

出産費用も地域によってこれだけの差がある。ただ、安いから悪いわけではない。日本では全国どこでも標準医療が受けられる。出産に関しても医療内容の地域差はない（国民健康保険中央会「出産費用 平成28年度」）より

同部屋ママさんとトラブル発生

料理のフルコースをはじめ、患者の好みに合わせて調理してくれるという。食器は有名ブランド、3時のおやつはケーキにマカロン、産後エステなど至れりつくせりのサービスに、出産祝いパーティを開ける貸切ルームまで用意されている。一方、人手不足で出産後はほとんど構ってくれないハズレ産院も。

「身の丈に合わせて近所の総合病院を選んだのですが、産後の体の痛みに耐えながら、慣れない授乳にオムツ替えとてんてこ舞い。看護師さんも忙しくてあまり相手にしてくれないんです。唯一の楽しみだったのは食事です。でも出てくるのは白米に味噌汁、サラダのみといった修行僧のようなメニューばかり。しかも大部屋だったので同室のママさんとオムツ替えのことで口論になり、夜中に泣いてしまう日もありました」（32歳主婦）

どんな環境で産むにしても、産後はできるだけ心穏やかに過ごしたいものだ。

やりがいを比べたらどっちが上？

年収億超えの美容整形開業医
救急外来は「3K」と訴える先生多し

高給取りとして代表的な職業、医師。だが医師のなかにも、生死にかかわることの少ない施術で億の年収を稼ぐ先生もいれば、昼夜問わず患者の生死と向き合い続けるも収入が業務内容の重さに見合わない現場もある。

高給取りの代名詞とされる医師。そのトップにあると思われるのが、「綺麗になりたい」という願いを叶える美容整形外科医だ。

美容整形外科医の平均年収は2000万円前後、開業した場合、年収1億円をくだらない医師も多い。

「これだけ給料がいいのは、人間の美への追求には制限がなく、保険適用外の高額な費用がかかっても手術を受けたいと思う患者が少なくないからです」（医療ジャーナリスト）

美容外科は自由診療を扱うケースが多く、ヒアルロン酸注射、二重埋没といった治療の大半は保険の適用外なので、医療機関側が自由に治療内容と料金を設定できる。

保険適用外の高額治療で稼ぐ

病院の規模による医師の年収格差

職員の規模	年間給与	年間の賞与など	年収
1000人以上	約888万2400円	約80万6800円	約968万9200円
999人~100人	約1387万3200円	約75万3200円	約1462万6400円
99人~10人	約1699万800円	約49万300円	約1748万1100円

一般的には企業の規模が大きくなるほど、職員の年収はアップするものだが、病院の場合は規模が大きいほど医師の収入は抑えめで、規模の小さな病院(クリニック)の医師は高給だ。要するに総合病院などの勤務医よりクリニックのオーナー医師のほうが収入の面では天国ということ(厚生労働省「令和元年賃金構造基本統計調査」より)

休日の急な呼び出しも当たり前

美容外科医が人々の望む〝美〟を実現して億を稼ぐ一方で、〝命〟と向き合い続ける医師がいる。平均年収は約1300万円前後とされる、一般的な公立病院の勤務医たちだ。

なかでも、最も過酷な現場とされるのが救急病棟。様々な病気や事故が原因で絶え間なく患者が搬送され、心肺停止状態の患者を処置することも珍しくない。そのため、冷静な判断力と、技術力向上のためのたゆまぬ努力が求められる。勤務時間は日直や宿直などの当番制だが、自分の担当患者の容態が変われば休日に呼び出される場合もあり、常に緊張の糸は解(ほぐ)れない。

さらに近年の医師不足に加え、救急はその過酷さからなり手が少ないため、現場の負担は増していく一方だ。人命救助にやりがいと誇りを持っていなければ、続けられない現場である。

これってやっぱり問題ですよね。

コンビニよりも多いがやり方次第では天国

審美歯科で荒稼ぎする先生に患者の金歯を売って小遣い稼ぎのトホホ先生

「歯科診療所はコンビニよりも数が多い」と言われるようになって久しいが、２０２２年においてもその状況は変わらない。需要と供給のバランスが保たれていれば、格差が生まれることはないのだが……。

「歯科医は増えているのに、治療する歯の数は減っていきます。これでは、歯科医師の収入に格差が生まれるのは当たり前です」

そう話すのは、神奈川県で開業歯科医として働く男性だ。虫歯のある者の数を示すう歯保有率という数値を見れば一目瞭然で、虫歯を有する患者は減少傾向にあり、少子化もあってとくに若い年代で顕著に減っている。つまり、治す歯がどんどんなくなっているのだ。

そんな状況でも羽振りがいいのは、審美歯科に軸足を置く歯科医師たちだ。

その治療の多くは自費診療となるため、価格は自由に決められる。広告も自由に打つことができる。そうすれば、虫歯保有率などに

自費診療で年収数千万円

若者の虫歯保有率は年々減っている

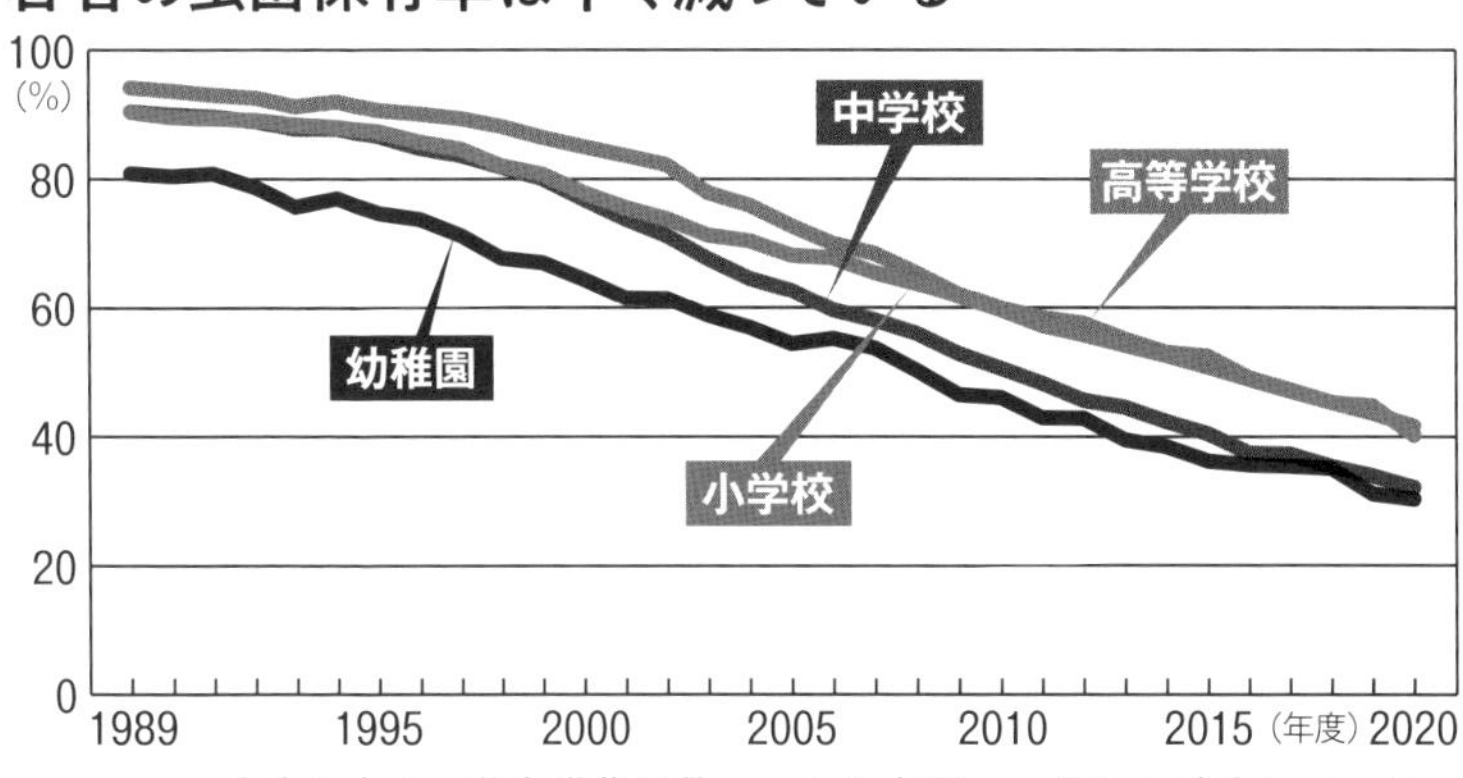

虫歯を有する若者世代の数。この30年間、一貫して減少している。歯科医の仕事が減っているのはこの数字を見ても明らか。審美歯科にシフトするしか生き残る道はないのか？（文部科学省「学校保健統計調査」より）

地獄

治療したくても虫歯は減る一方

左右されることなく、患者を大量に集めることができ、年収数千万円も夢ではない。だが、時流に乗れた歯科医師はほんの一握り。

「医療経済実態調査によれば、個人の歯科医院における歯科医師全体の平均年収は646万円。これはあくまで平均です。当然、それを下回る歯科医師も出てくる。中には患者の金歯を必死になって回収しているような歯科医師もいるくらいです」（同前）

男性によれば、金歯は1本あたり2グラム～5グラムの重さがあるという。仮に1グラム8000円の地金相場のとき、奥歯4本が金色に光る一人の老人が金歯を外しに来たとすれば、それだけで最高16万円になってしまうのだ。一応、「こちらで処分していいですか」と尋ねるものの、大半の患者は訳もわからず了解するという。とはいえ、歯科医師も金歯で小遣い稼ぎをするのはつらいだろう。彼らのトホホの時代は続きそうだ。

天国

ドラッグストア薬剤師はコスパ良
病院薬剤師はコスパ悪

地獄

年収で数百万の差が出る不思議

医療大国・日本。そんな現代の日本において確実な需要のある職業が「薬剤師」だ。資格を取れば一生安泰というイメージがあるが、勤務先ガチャによっては平均年収に大きな差がついてしまうという。

薬剤師になるためには大学の薬学部に進学し、6年制学科を卒業した上で国家試験に合格しなければならない。時間もかかり、試験も難関な分、年収は一般平均よりも高額だ。令和2年版の「賃金構造基本統計調査」によれば、正社員として雇用されている薬剤師の平均年収は565・1万円となっている。

薬剤師の主な就職先は、「病院」「調剤薬局」「ドラッグストア」などで、調剤や服薬指導にあたる。肩書的には病院勤務のステータスが高そうだが、ストレスフルな職場で医師から見下されることもあるため、現役の薬剤師からは「あまりおすすめできない職場」との声も聞こえるほどだ。

ドラッグストアは年収500万円超

働く場所でこんなに違う薬剤師の年収

雇用場所	目安の年収
大学病院	200万~300万円
一般的な総合病院	300万~400万円
調剤薬局	400万~500万円
ドラッグストア	500万~600万円

大学病院、総合病院、調剤薬局、ドラッグストア、全ての場所で雇用された経験を持つ長澤育弘氏は語る。「大学病院では新人時代は修業時代といった意識があり、年収が200万円に満たないこともあると言われます」。左の表は長澤氏監修のもと、経験年数3年以上の者の平均的な年収イメージとして作成した

大学病院は敬遠されがち

関東圏で調剤薬局チェーンを展開する長澤育弘（やすひろ）氏の話。

「収入的にもたとえば大学病院とドラッグストアを比べたら天と地の差ですよ。大学病院新人時代はとくにこき使われる。その割に年収は低く、同僚の中には終業後に24時間営業のドラッグストアにアルバイトに行っている人もいました。アルバイトのほうが稼げるって笑ってましたよ」

全国でドラッグストアの出店が増えており、薬剤師が不足。売り手市場となっているため、企業側も報酬を高く設定しないと人が集まらないのだ。

「おかげでドラッグストアや調剤薬局など条件のいいほうに人材が流れています」（同前）

この傾向は首都圏大都市よりも地方都市のほうが顕著なのだとか。大都市の大病院なら間違いないというイメージは薬剤師の世界では通用しないようだ。

生涯年俸30億円超えのスターも 二軍時代はバス移動、クビの電話に怯える日々

レジェンド山本昌が大激白

1983年、中日ドラゴンズから5位指名を受けてプロ入りした山本昌選手。二軍スタートで苦しい時代を経験したが、一軍定着後は快進撃。レジェンドが天国と地獄を語る。

「一軍と二軍の違い。まさに天国と地獄ですよ」と語るのは中日ドラゴンズの元投手・山本昌氏だ。沢村栄治賞や最優秀投手賞など受賞歴多数。50歳の大台に乗っても投げ続ける姿を国民はレジェンドと賞賛した。

だが、その野球人生は平坦ではなかった。

「5位指名ですからね。プロ入りから3年間は二軍生活でした。一軍に上がってからもすぐには活躍できず、苦難の日々が続いた」

二軍時代の辛い思い出について話を向ける

ついにフェラーリをゲット

プロ野球選手の平均年俸

年度	人数	平均年俸
2017年	734人	**3826万円**
2018年	735人	**3955万円**
2019年	731人	**3985万円**
2020年	727人	**4189万円**
2021年	730人	**4174万円**
2022年	721人	**4312万円**

日本プロ野球選手会が毎年行っている年俸調査（対象は一軍・二軍の所属選手）。ちなみに2022年のトップはソフトバンクで7002万円。最下位は日本ハムの2817万円。こんなところにも格差が…

日焼けが辛かった

と、「妙な話だけど」と前置きし、「日焼けする生活が辛かった」と語り始めた。

「二軍はね、練習も試合も真っ昼間にやるんですよ。だから選手はみんな真っ黒に日焼けしている。後年一軍入りして、ナイターのカクテル光線を浴びながら投げた時は本当に嬉しかった」

観客もまばらな真夏の真っ昼間、灼熱の太陽の下でマウンドに立つ。前の晩テレビで見たナイターでは自分より年下の選手が気持ちよさそうに投げている。そんな毎日にジリジリと焼かれるような焦りを感じたという。

「二軍1年目の年俸は360万円でした。月額に直すと30万円。スカウトの人が将来のために貯金をしなさいって指導してくれる。すると自由に使えるお金は僅かです。当然スポンサーなんか付かないから、道具も自分で揃える。バット一本1万円以上しますからね。給料のほとんどを用具費に充てる同僚もいましたよ」

遠征時の待遇も、一軍と二軍では大違いだ。

「当時、ドラゴンズの二軍はバス移動が多かった。関西に阪神、南海、阪急、近鉄の4球団がありましたからね。新幹線に乗れたのは広島カープとジャイアンツの試合だけ。当然普通の指定席ですよ。行った先でも一軍は一流ホテルで、食事は高級ビュッフェ。二軍はビジネスホテルでそれなりの食事……」

いきなり年俸3倍

お金と待遇の違いも辛いが、何より心を揺さぶられたのは「野球ができなくなるかもしれない」という恐怖だった。

山本氏が一軍に上がるのはプロ入りから3年目のことだった。一軍1年目の年俸は400万円だった。

「5年目で初めて5連勝して、その後の契約更改で前年までもらっていた額の3倍を提示されたんです。それまではいつクビになってもおかしくない状態。寮に住んでいたんですが、クビの通告は球団事務所からの電話で知らされます。受話器を持ってうなだれる先輩の姿を今でも思い出します。活躍できない日々が続くと、いつ電話が鳴るかと毎日ビクビクでした」

1986年から2015年まで、生ける伝説として君臨した山本昌。2022年には野球殿堂入り

©株式会社ジーエー・リンク

プロ野球選手の推定年俸ランキング(NPB)

順位	選手名		球団	推定年俸
1	**田中 将大**	投手	東北楽天ゴールデンイーグルス	**9億円**
2	**柳田 悠岐**	外野手	福岡ソフトバンクホークス	**6億2000万円**
3	**菅野 智之**	投手	読売ジャイアンツ	**6億円**
3	**千賀 滉大**	投手	福岡ソフトバンクホークス	**6億円**
3	**坂本 勇人**	内野手	読売ジャイアンツ	**6億円**
6	**山田 哲人**	内野手	東京ヤクルトスワローズ	**5億円**
6	**浅村 栄斗**	内野手	東北楽天ゴールデンイーグルス	**5億円**
8	**森 唯斗**	投手	福岡ソフトバンクホークス	**4億6000万円**
9	**丸 佳浩**	外野手	読売ジャイアンツ	**4億5000万円**
10	**吉田 正尚**	外野手	オリックス・バファローズ	**4億円**

トップ10のうち一番若いのは93年7月15日生まれの吉田正尚(2022年12月16日、メジャーリーグのレッドソックスに移籍)、逆に最年長は88年10月9日生まれの柳田悠岐。20代後半から30代前半だ。レジェンド山本昌のようにいかに長く活躍できるか!(「週刊ベースボールONLINE」の情報をもとに作成)

しかし、5年目以降の山本昌はそれまでの沈黙が嘘のように活躍を始めるのだった。

「二軍時代は一軍に上がるのだけが目標でしたが、一軍のマウンドからは他にも様々な目標を見渡すことができました。とりあえず1億円プレイヤーになったらフェラーリを買うと決めていましたよ(笑)」

93年には実際に年俸が1億円を超え、念願だったフェラーリ・テスタロッサを購入した。翌年には沢村栄治賞を受賞。月間MVP賞は通算8回を数え、押しも押されもせぬ日本球界のレジェンドとなった。15年には日本球界で初となる50歳での登板を果たした。生涯年俸は33億6000万円と言われる。

「お金のことももちろんですが、山本昌という投手を育ててくれた日本の野球界には感謝でいっぱいです」と語る生ける伝説。今後も野球解説者、コメンテーターとしての活躍は続く。

天国

ソフトバンクが球界一の高給で日ハムが薄給のワケ

“球団ガチャ”に失敗するとこんな差が！

一握りの人間だけがなれるプロ野球選手。学生時代から地獄のような練習を重ね、ようやく誰もが羨む名誉とカネを受け取れると思ったのも束の間。金持ち球団と貧乏球団の格差は想像以上に広がっている。

日本のプロスポーツ界において高給で鳴らすプロ野球。日本プロ野球選手会が発表した2022年シーズンにおける全球団の平均年棒は4312万円を誇る（外国人選手を除く）。しかし、各球団の平均年棒を見ると、同じプロ野球チームといえども、天と地ほどの差がある。22年度の平均年棒の1位は福岡ソフトバンクホークスで、その額実に7002万円。日本人外野手としての史上最高年俸6億2000万円をマークする柳田悠岐を筆頭に、億超えプレイヤーがずらりと並ぶ。また、選手会が行った契約更改に対する満足度のアンケートでは「満足」「大きく満足」と答えた選手の割合がソフトバンクは55％にの

ソフトバンクと巨人がツートップ

2022年度の各球団平均年俸

順位	球団	平均年俸
1	福岡ソフトバンクホークス	7002万円
2	読売ジャイアンツ	6632万円
3	東北楽天ゴールデンイーグルス	6035万円
4	埼玉西武ライオンズ	4330万円
5	東京ヤクルトスワローズ	4050万円
6	オリックス･バファローズ	3922万円
7	横浜DeNAベイスターズ	3732万円
8	広島東洋カープ	3693万円
9	阪神タイガース	3456万円
10	中日ドラゴンズ	3118万円
11	千葉ロッテマリーンズ	3077万円
12	北海道日本ハムファイターズ	2817万円

日本プロ野球選手会に所属（一軍・二軍）する721人へのアンケート調査から。３年連続でソフトバンクが１位だ

日ハム、ロッテは平均約3000万円

ぼり、全球団中1位。金銭的なモチベーションも、ソフトバンクの強さの源なのだろう。

一方、最下位は北海道日本ハムファイターズで２８１７万円。２０２２年度は西川遥輝など高額年俸選手の移籍もあって、全球団平均よりも１５００万円ほど低い数字にとどまり、１位のソフトバンクとは2倍以上の差をつけられている。また、前述の契約更改満足度は37％と全体8位。ちなみに、日ハムは球団別の年俸中央値でも１０００万円と最下位だ。日ハムといえば、契約更改に納得のいかなかった当時（１９９１年）のエース・西崎幸広と抑えの武田一浩が会見の場で激怒した事件はあまりに有名。これに象徴されるように、長年ファンからも「日ハムは渋ちん」と揶揄（やゆ）され、選手のモチベーションも上がらないのか、ここ数年はBクラスに甘んじている。

プロ野球選手として稼ぐには〝球団ガチャ〟の引きの良さも求められるのだ。

メジャーとマイナー驚きの格差

メジャーはチャーター機で移動 マイナーは狭苦しいバスで移動

日本のプロ野球では考えられない高年俸に憧れ、多くの日本人選手が挑戦するメジャーリーグ。しかし、メジャーリーグでプレーできるのはほんのひと握りで、多くの選手は下部リーグのマイナーで厳しい日々を送っている。

ＭＶＰ級の活躍を見せた大谷翔平がエンゼルスと年俸約43・5億円で２０２３年度契約に合意した。しかし、メジャーリーガーたちの年俸はケタ違いに高額で、上には上がいるのだ。

たとえば年俸ランキング１位のメッツの大エース、シャーザー投手の年俸はじつに４３３３万ドル（約47億６６３０万円）。メジャー全体の平均年俸も約５億５６００万円とケタ違いだ。最低年俸も70万ドル（約８５００万円）が保証されている。

また、メジャーのトップ選手の多くは巨額の年俸契約以外にも様々な付帯条項を球団と結んでいて、「遠征時に宿泊する部屋はスイ

トップは年俸47億円以上

メジャーリーガーの年収 トップ10

選手	チーム	守備	生年月日	年俸／ドル	年俸／円
マックス・シャーザー	ニューヨーク・メッツ	投手	1984年7月27日	4333万ドル	約47億6630万円
アンソニー・レンドン	ロサンジェルス・エンジェルス	野手	1990年6月6日	3600万ドル	約39億6000万円
ゲリット・コール	ニューヨーク・ヤンキース	投手	1990年9月8日	3億2400万ドル※	約39億5555万円
マイク・トラウト	ロサンジェルス・エンジェルス	野手	1991年8月7日	3545万ドル	約38億9950万円
カルロス・コレア	ミネソタ・ツインズ	野手	1994年9月22日	3510万ドル	約38億6100万円
スティーブン・ストラスバーグ	ワシントン・ナショナルズ	投手	1988年7月20日	3500万ドル	約38億5000万円
ノーラン・アレナード	セントルイス・カーディナルス	野手	1991年4月16日	3500万ドル	約38億5000万円
ジェイコブ・デグローム	ニューヨーク・メッツ	投手	1988年6月19日	3350万ドル	約36億8500万円
トレバー・バウワー	ロサンジェルス・ドジャース	投手	1991年1月17日	3200万ドル	約35億2000万円
フランシスコ・リンドーア	ニューヨーク・メッツ	野手	1993年11月14日	3200万ドル	約35億2000万円

この10人だけで実に388億円を超える。一方、マイナーリーグ、シングルAの選手の基本報酬は1シーズン150万円ほどと言われている。（※９年分の数字）（『メジャーリーグ・完全データ選手名鑑2022』を参照）

シングルAは年間150万円ほど

ートルーム」「移動はチャーター機」といった特別待遇が約束されている。

ただし、これはあくまでメジャーのトップ選手の話だ。マイナーリーグの選手になると話が大きく変わってくる。とりわけ「シングルA」と呼ばれる下部リーグに所属する選手の場合は、報酬も待遇もかなり厳しい。

なにしろ、シングルAは週給で、わずか500ドル（5万5000円）程度。しかも、マイナーのシーズンは4月上旬から8月末までのため、この5カ月間の報酬を合計すると約1万5000ドル。つまり、150万円足らずの年収しか得られないことになるわけだ。

そして、狭苦しいバスで長時間かけて移動し、遠征先ではただでさえ少ない給料から1日約2000円の経費を差し引かれる。当然ながら、食事は安いハンバーガーしか食べられない。だからこそ、マイナーの選手は死に物狂いでメジャーを目指すのである。

天国

好きだけではやっていけない？

J1スターは年俸数億円でタレントと結婚
下位リーグには年俸10円の選手も

地獄

Jリーグが1993年に発足してから30年。2022年シーズンにJリーグのクラブに所属する選手は1977人にのぼる。だが、そのうちサッカーをプレーするだけで生活していける選手は一握りだ。

2022年度のJ1リーグの平均年俸は、3128万円。年俸が1億円を超える選手はJ1リーグ全体で見ても30人ほどだ。現在Jリーグで最も年俸が高い選手は、世界的名プレーヤーであるヴィッセル神戸のアンドレス・イニエスタ選手。22年度は20億円とされているが、21年度の推定年俸は32億5000万円だという。同年度に『フォーブス』誌が発表した「世界で最も稼いでいるサッカー選手ランキング」では7位にランクインしている。ちなみに、Jリーグ所属の日本人選手年俸トップは、ヴィッセル神戸の大迫勇也選手で、推定4億円だ。人気選手の場合は年俸に加えてサッカーブランドやメディアとのスポンサ

Jリーグ人件費ランキング

J1人件費上位10チーム		J2人件費上位10チーム		J3人件費上位10チーム	
チーム名	金額	チーム名	金額	チーム名	金額
ヴィッセル神戸	50億5200万円	ジュビロ磐田	15億8300万円	FC岐阜	3億7300万円
川崎フロンターレ	36億3000万円	V･ファーレン長崎	13億8400万円	FC今治	3億800万円
柏レイソル	31億500万円	大宮アルディージャ	13億5400万円	いわてグルージャ盛岡	2億8600万円
浦和レッズ	30億8900万円	京都サンガF.C.	11億3000万円	AC長野パルセイロ	2億7800万円
名古屋グランパス	30億8900万円	ジェフユナイテッド市原・千葉	10億5300万円	ロアッソ熊本	2億4200万円
鹿島アントラーズ	28億6800万円	松本山雅	8億2300万円	カターレ富山	2億3900万円
ガンバ大阪	27億3500万円	アルビレックス新潟	6億9100万円	鹿児島ユナイテッドFC	2億3300万円
FC東京	27億1200万円	東京ヴェルディ	6億7800万円	カマタマーレ讃岐	1億8200万円
横浜F･マリノス	25億4100万円	FC町田ゼルビア	6億5500万円	藤枝MYFC	1億7600万円
セレッソ大阪	24億4900万円	ファジアーノ岡山	6億1200万円	福島ユナイテッドFC	1億4000万円

選手や監督・コーチなどに支払われる人件費。イニエスタや大迫などの高年俸選手を抱えているだけあって、J1では神戸がダントツだ。ちなみにJ3、15チームの人件費総合計は29億3100万円。J1の４位、浦和レッズや名古屋グランパス１チームより少ないことになる（2021年度の実績）

ー契約によって、年収は膨れ上がっていく。

設備面でも、Ｊ１のクラブは充実している。Ｊ１ではすべてのクラブがクラブハウスと立派なホームグラウンドを持ち、整備された天然芝で練習する。また、「ホペイロ」と呼ばれる用具係に用具の管理を任せ、フィジカルトレーニングから栄養管理まで専門スタッフの十分なサポートもあり、プレーだけに集中できる環境が用意されている。

昼も夜も日の丸弁当

クラブの収入面において、Ｊ１とＪ３ではまさに天と地の差がある。たとえば、２０２１年度のＪリーグの全クラブに分配される「均等配分金」を見てみよう。振り分けは、Ｊ１クラブに３・５億円、Ｊ２クラブに１・５億円、Ｊ３クラブに３０００万円となっていて、これだけでもかなりの差があることがわかる。

プレーだけで稼げるトップ選手

天国

Jリーグ分配金の仕組み

	均等分配金	降格した場合の分配金　1年目
J1	3億5000万円	
J2	1億5000万円	J1→J2への降格 2億8000万円 （1億5000万円+1億3000万円の救済金）
J3	3000万円	J2→J3への降格 1億2000万円 （3000万円+9000万円の救済金）

Jリーグからチーム運営のために支払われる均等分配金。降格２年目は救済金が減らされ、さらに苦しくなっていく。差は広がる一方だ

また、Ｊ３のクラブでは移動費や宿泊費を抑えるため、新幹線は自由席、宿泊施設はビジネスホテルなんてことも。Ｊリーグの旅費規定には「Ｊ３を除く公式試合におけるチームの遠征に要する交通費は、新幹線グリーン車による往復を原則とする」とまで明記されている。待遇の差は歴然だ。

クラブの人件費を比較すると、選手の年収格差はさらに浮き彫りになる。19年度の人件費の平均はＪ１が25億円なのに対し、Ｊ３は１億６９００万円と、Ｊ１の10分の１だ。また、Ｊ１以外は専門のスタッフも少ないため、車を持っている選手がマイカーに用具を積み込み、チームメイトを相乗りさせて会場に移動しなければいけないという話もある。

日本サッカー協会の定めるプロ契約は３種類ある。プロＡ契約は年俸の下限が４６０万円。一方、プロＢ契約やプロＣ契約には年俸の上限が４６０万円で下限が設けられていな

2022年Jリーグ年俸ランキング トップ3

順位	選手	チーム	推定年俸
1	**アンドレス・イニエスタ**	ヴィッセル神戸	**約20億円**
2	**大迫 勇也**	ヴィッセル神戸	**約4億円**
3	**武藤 嘉紀**	ヴィッセル神戸	**約2億円**

イニエスタに引っ張られるかっこうなのか、ヴィッセル神戸が強い

（＊各報道を参考に作成）

下位リーグは掛け持ち選手も多数

い。Ｊ３の場合、契約種別にかかわらずプロ契約の選手が3名いればクラブ成立条件を満たすため、下位リーグではプロ契約を結ばずに試合に出る選手や、月給1円で10カ月間（年俸10円）という衝撃的なプロ契約をした安彦考真選手のような存在もいた。安彦選手は『おっさんＪリーガーが年俸１２０円でも最高に幸福なわけ』（小学館）で、「（所属していたＪ３の）Ｙ・Ｓ・Ｃ・Ｃ・横浜について言えば、選手の半数以上がアルバイトを掛け持ちしている」と明かしている。さらに、白米と梅干しだけの日の丸弁当を昼と夜の２回に分けて食べていたり、コンビニでお金もないのに「じゃんけんで負けたやつが奢（おご）ろう」とけしかけて、挙げ句負けても払ってもらうという、笑えないエピソードもあるという。

下位リーグではサッカーをプレーするだけでは生きていけない厳しい環境が待ち受けているのだ。

天国

賞金だけで食べていけるのはごくわずか

トッププロはファーストクラスで世界を転戦
ランキング100位以下は実質赤字も

地獄

華やかなイメージのあるプロゴルファーだが、大会優勝賞金の獲得だけで食べていける選手はごく僅かだ。プロゴルフ界では賞金ランクの格差だけでなく、男女の格差も大きくなりつつある。

テレビで放映されるような大会に出場して賞金を稼ぐプロゴルファーは、「ツアープロ」と呼ばれる。ツアープロの資格を取るには難関のプロテストをパスしなければならない。男子ツアープロの場合、その合格率は5％前後。また受験するには約100万円の費用が必要だ。石川遼や松山英樹、宮里藍のように、アマチュアがプロの大会で優勝すれば、特例としてプロテストの実技を免除されるパターンもある。結局、圧倒的なゴルフの技術か経済的余裕がなければ、プロゴルファーとしてコースに立つことすらままならないわけだ。

では厳しいテストを突破すれば華やかなゴルファー生活が待っているのだろうか。

2021年4月。アジア人として史上初のマスターズ・トーナメントで優勝を果たした松山英樹。賞金は207万ドル（約2億5748万円／当時のレート）
Photo by Jared C. Tilton/Getty Images

もちろん、ゴルフの腕一本でリッチな生活を送る選手もいる。

2021年、松山英樹選手が世界4大ゴルフトーナメント大会の1つ、マスターズで優勝した。このとき松山選手は優勝賞金として、約2億2700万円を手にしている。

さらにマスターズを制覇した日本人選手第一号として多くの企業からスポンサー契約の申し込みが殺到した。

男女間でも格差あり

一方で、国内の男子ゴルファーはどうか。2022年の賞金ランキングのデータを見ていくと、男子プロで賞金総額が1億円を超えている選手は2人しかいない。このラインに乗れる選手はスポンサー契約などの別収入もあるため、飛行機のファーストクラスで世界ツアーに参戦といった優雅な生活も可能になってくる。

そもそも日本のプロゴルファーは男女合わせておよそ1600名。そのうち賞金総額が大きいツアートーナメントに1年間の出場資格があるシード選手は男子65名、女子50名だけ。トーナメントの本戦出場枠は100〜120名で、大半のプロゴルファーはツアーに参戦することすらできない。シード権を持たないプロは、残りの出場枠を目指してQT（クォリファイングトーナメント）と呼ばれる出場資格の順番を決める試合で成績を残すか、推薦枠を手に入れるしかない。

QTは全国の地区予選を経て、ファイナルステージで上位40位前後までに出場資格が与えられるが、激戦を勝ち抜いてトーナメントに出場しても上位50〜60人に入って決勝ラウンドに進まないと獲得賞金はゼロだ。

また、大会に出場するだけでも、様々な経費がかかる。移動費、宿泊費、練習ラウンド代などは、すべて選手持ち。専属キャディを帯同すればスコアは伸びるが、宿泊費や食事代も含めて年間数百万円の経費がかかる。シード権を持たない賞金ランキング100位以下の選手は、大会に出場できる保証がないうえ、運よく大会に出場しても赤字となる場合もあるのだ。

さらに男女間でも格差がある。一大会の賞金総額は男子より女子のほうが平均すると安い傾向にあるが、女子プロの大会数は男子プロの約1・5倍。

さらに女子の大会はテレビの視聴率も高く、帽子やウエアに企業名を貼り付けた個人スポンサーも多くなる。結果、女子プロの大会への出資が増え、トータルの収入では女子のほうが圧倒的に高い。

レッスンを行うティーチングプロに転向した場合も、ゴルフを習うおじさんたちは、こぞって女子プロに群がる。ここでも悲しい男女の格差が出てしまうのだ。

女子プロは1億円超が7人

国内男子 賞金ランキング2022年度

順位	選手名	金額
1	比嘉一貴	1億8159万8825円
2	星野陸也	1億1440万4050円
3	岩崎亜久竜	9667万570円
4	堀川未来夢	9559万4744円
5	桂川有人	8797万697円
6	岩田寛	8731万7389円
7	Cha.キム	8680万5149円
8	大槻智春	8490万2380円
9	河本力	7776万6121円
10	石川遼	7694万9337円

ちなみに100位の小斉平優和選手は615万2000円で、200位の井上信選手は28万5600円だ（ゴルフダイジェスト・オンラインの情報より作成）

国内女子 賞金ランキング2022年度

順位	選手名	金額
1	山下美夢有	2億3502万967円
2	西村優菜	1億4915万8595円
3	稲見萌寧	1億3940万2087円
4	勝みなみ	1億3677万6675円
5	西郷真央	1億3005万9607円
6	吉田優利	1億1444万4959円
7	小祝さくら	1億815万8103円
8	川崎春花	9205万2000円
9	菅沼菜々	8619万8649円
10	上田桃子	8060万5943円

1億超えが7人。男子に比べればかなり優秀だ。ちなみに50位の有村智恵選手で2628万6899円である（ゴルフダイジェスト・オンラインの情報より作成）

男子プロは試練の時代

関取にあらずんば人にあらず

横綱は給料だけで年収3600万円 幕下以下は無給で関取のトイレの世話も

日本の文化に深く根ざし、多くの国民に親しまれる相撲。日本相撲協会に所属する力士は630人ほど、そのうち十両以上の関取衆は70人だ。関取を目指す原動力は格差そのものにある。

相撲界の天国と地獄、まずは収入の面から見ていこう。

日本相撲協会が運営する大相撲の収入のベースは協会が支払う形の給料制だ。

平成31年の初場所から18年ぶりに見直され、現在は横綱の給与が月額300万円、年額では3600万円だ。同じく大関は月額250万円、年額では3000万円。関脇、小結が月額180万円、前頭が140万円で十両が月額110万円となる。ボーナスはない。

ここまでが関取と呼ばれる力士だ。年俸数億のプロ野球選手と比べれば見劣りするように感じるかもしれないが、力士の収入は給料だけではない。各場所で優勝すれば1000

力士たちの給料

	番付	年収	内訳
関取	横綱	3600万円	月額300万円
関取	大関	3000万円	月額250万円
関取	関脇	2160万円	月額180万円
関取	小結	2160万円	月額180万円
関取	前頭	1680万円	月額140万円
関取	十両	1320万円	月額110万円
	幕下	99万円	場所手当16万5000円×6場所
	三段目	66万円	場所手当11万円×6場所
	序二段	52万8000円	場所手当8万8000円×6場所
	序ノ口	46万2000円	場所手当7万7000円×6場所

これを見ても分かる通り、幕下以下は給料だけで生活することはできない

万円が支給される。白鵬関は横綱在任中だけでも42回優勝しているので優勝賞金の合計は4億2000万円だ。

本場所で活躍した力士には殊勲賞・敢闘賞・技能賞などが用意されている。こうした賞に選ばれると、それぞれ200万円が支給される。このプラスアルファも大きい。

さらに取組ごとの懸賞金も見逃せない。以前は1本6万2000円だった懸賞金は、令和元年の秋場所から1本7万円に増額された。このうち日本相撲協会が手数料として1万円を徴収。残りが力士側に入るのだが、所得税の支払いのため3万円が預り金となり、土俵で力士が受け取るのは3万円だ。ちなみに令和4年の名古屋場所で懸賞金トップは照ノ富士の273本。6を掛けると1638万円だ。この半分が場所中に現金で手渡される。

人気と実力があれば、力士の年収は億を超えると言われる。

名誉もお金もがっぽり横綱

幕下以下はビニール傘

ここまで見てきた天国は関取衆のおはなし。格差の本質はここからだ。給料がもらえるのは十両以上の関取衆だけ。現在日本相撲協会に所属する力士は630人ほど、そのうち関取衆は70人だ。それ以下の幕下、三段目、序二段、序ノ口に給料はない。そのかわり年に6回の場所ごとに「場所手当」が支給される。幕下が1場所16万5000円だ。6を掛けて年額99万円。三段目は1場所11万円で、年に66万円。序二段は8万8000円なので年に52万8000円。序ノ口は7万7000円で、年に46万2000円の支給となる。

「それでも部屋に属しているので衣食住の心配はない。浴衣は親方からもらえる。ただ、部屋によっては彼らのわずかな収入から管理費の名目で数万円を徴収する場合もあり、小遣いを実家からの仕送りに頼る者も少なくな

両国国技館。大相撲といえばやはりここだ。公益財団法人日本相撲協会が所有する相撲興行のための施設だが、Jポップアーティストのコンサートなども行われる

番付による待遇差

	番付	マゲ	服装	稽古まわし
関取	横綱	大銀杏	紋付の羽織袴 白の足袋 雪駄 番傘	白の稽古まわし
	大関			
	関脇			
	小結			
	前頭			
	十両			
	幕下	ちょんまげ	着物に羽織 黒の足袋 エナメル製の雪駄 ビニール傘	黒の稽古まわし
	三段目			
	序二段		浴衣 黒の足袋 下駄	
	序ノ口			

格差はお金だけじゃない。ただこの格差には「いい思いをしたかったら強くなれ」というメッセージが込められている

幕下より下は100万円以下

い」（スポーツジャーナリスト鵜飼克郎氏）

違いはお金だけではない。マゲも本場所で大銀杏を結えるのは関取衆だけ。幕下以下は髪を束ねただけのちょんまげだ。紋付の羽織袴を着用できるのも関取衆の特権。序二段、序ノ口は冬でも浴衣1枚で過ごす。

「雨の日の傘も違う。関取は番傘を差せるが幕下以下はビニール傘。土俵周りでは、幕内は自分の四股名が書かれた専用の座布団だけど、十両は協会の用意した座布団、その下は座布団がなく薄い板の上。まさに関取にあらずんば人にあらずという感じだね」（同前）

さらに幕下以下は関取衆の付け人をやる。昨日まで関取でも、幕下に落ちたら再び付け人だ。トイレの後、兄弟子のお尻を拭かされる付け人もかつてはいたという。

「でもべつにいじめたいわけじゃない。いい思いをしたければとにかく頑張って関取になれという愛のムチなんですよ」（同前）

プロ棋士は超狭き門の極地

藤井六冠は1億2205万円 勝てなければ年収300万円台

勝負の世界に生きる「棋士」の姿はもはやスポーツマンだ。複数のタイトルを保持し、負け知らずの〝天才中の天才〟なら、莫大な賞金を得ることができる。だが、負けっ放しの棋士は……。

昭和初期にプロ制度が確立し、職業としての「棋士」が成り立ってから数十年。将棋の世界では時代ごとに、谷川浩司、羽生善治、藤井聡太のような天才的な棋士が現れてブームを巻き起こしている。

棋士、その本質は勝負師だ。稼ぐための最大のポイントは、やはり勝つこと。対局に勝ち続け、タイトルを獲得すればするほど、年収も増えていく。ただし、そもそもプロへの道が非常に狭く、険しい。

プロ棋士になるには、育成機関の「新進棋士奨励会（奨励会）」に入会し、四段まで昇段することが必須だ。奨励会の受験資格は、基本的に満19歳以下でプロ棋士の弟子になる

名人への道

名人への道は奨励会に入会後、6級からのピラミッド構造だ。二段までは関東と関西に分かれて戦う。三段に昇格すると東西合わせた半年間のリーグ戦でのぶつかり合いだ。四段以上になってやっと「棋士」を名乗れる。その後は成績トップの少人数だけが昇級。鍛錬に鍛錬を重ねて名人へと上り詰めていくキビシイ世界だ

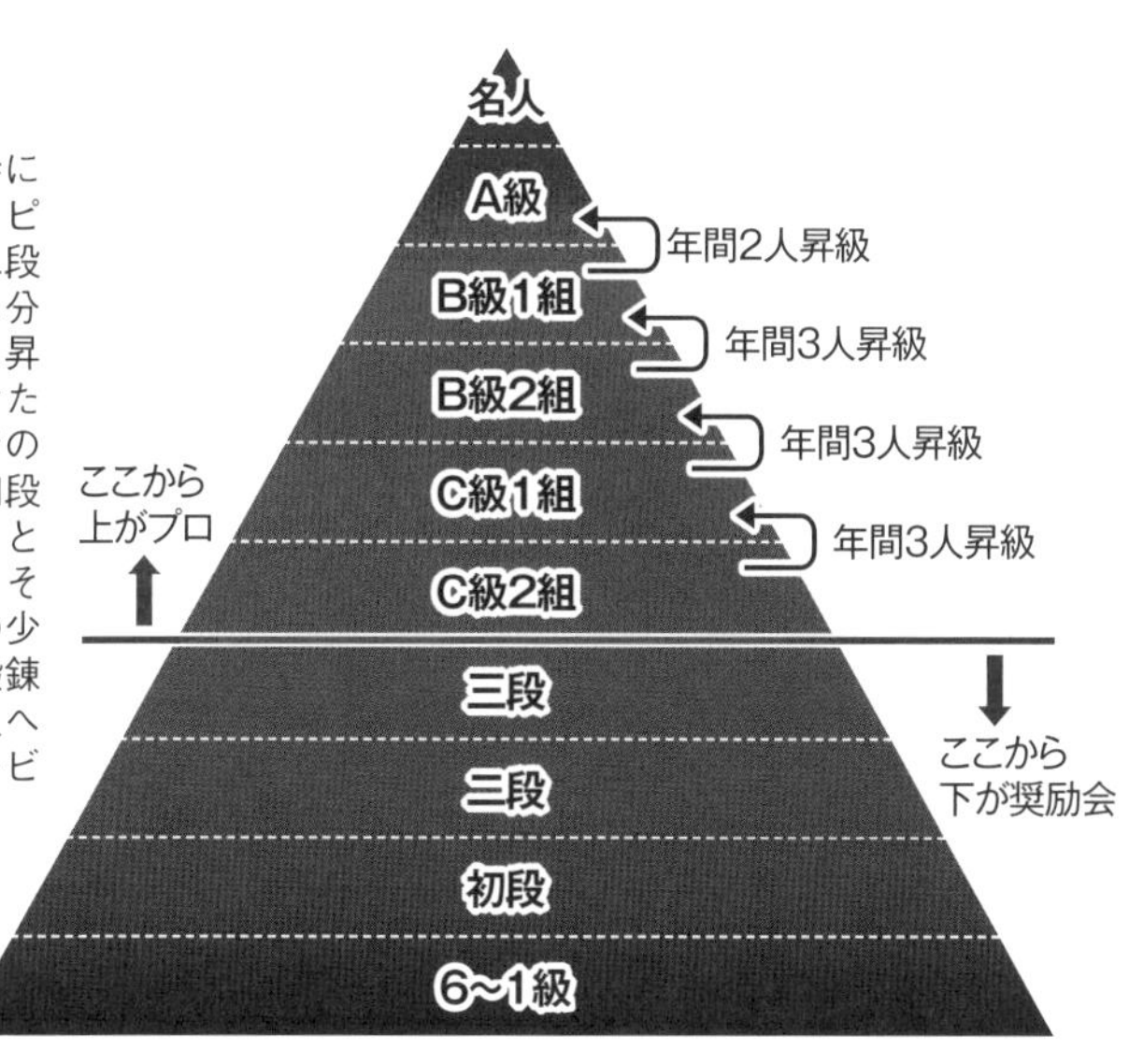

か、受験の推薦をもらうなどが条件となっている（他の規定あり）。

　奨励会を目指すのは、各地にいる将棋の天才たち。ほとんどの人が小学生から入会し、６級からスタート。奨励会で勝ち抜いて三段になると半年に１回行われるリーグ戦に参加できるようになり、そこで優秀な成績をあげた上位２人（年間４人）だけが四段に昇段、晴れてプロ棋士への道が開かれる。ここまで辿り着けるのは奨励会へ入会した全体の約15%ほどで、26歳までに四段になれなければ強制退会だ（勝ち越しによる延長規定あり）。

　現在、プロ棋士として活動しているのは１６０人ほど。トップは１億超え、平均年収は約７００万円だが、最低で年収３００万円と、その差は大きい。

　実はプロ棋士には、「固定給」の制度がある。２０１１年以前は、棋士は社団法人日本将棋連盟の社員に準ずる立場だったので月ご

「竜王」の賞金は4400万円!

天国

とに給料が支払われていたのだ。現在は公益社団法人日本将棋連盟となったことで棋士は個人事業主に準じており、月ごとの給料は「参稼報償金」という形で支払われている。

金額は所属するクラスによって違い、頂点となる名人の手当は月100万円。以下A級～C級2組まで、1クラス落ちるごとに7割ずつ減っていくと言われており、一番下のC級2組だと推定金額は月20万円、その下のフリークラスになると月10万円ほどになる。

そのクラスの棋士は対局だけでは生活できず、将棋教室の講師などのアルバイトでしのいでいる。

藤井聡太は総計数億

前述したように棋士の主な収入は「対局料」と「賞金」である。将棋界には8大タイトルと言われる大会（棋戦）があり、そこで優勝するとタイトルと共に莫大な賞金を獲得

日本将棋連盟の本部がある「将棋会館」。４階の対局室では数々の名勝負が繰り広げられた。近所には棋士御用達の食堂やレストランなども多い。ちなみに藤井聡太六冠のお気に入りは「鳩やぐら」の「豚甘辛スタミナ焼き弁当」だ

〝天才〟でも食い詰めることに……

2022年獲得賞金・対局料ベスト10

順位	棋士名	獲得額	前年順位
1	藤井聡太 竜王	1億2205万円	3
2	渡辺明 名人	7063万円	1
3	豊島将之 九段	5071万円	2
4	永瀬拓矢 王座	4668万円	4
5	斎藤慎太郎 八段	2362万円	6
6	広瀬章人 八段	2166万円	14
7	菅井竜也 八段	1970万円	10
8	佐藤天彦 九段	1819万円	13
9	山崎隆之 八段	1770万円	12
10	稲葉陽 八段	1580万円	9

これは獲得額の推計だ。渡辺名人や藤井聡太六冠といった知名度となると、CM出演のオファーも多く、さらに大きな収入が彼らの生活を天国にする（日本将棋連盟の推計より作成）

できる。

最も序列の高い「竜王」の賞金は4400万円、名人戦で3350万円と言われ、負けても対局料は入るので、常にタイトル戦に絡み、勝つことが重要だ。

22年の時点で、竜王・王位・叡王・王将・棋聖のタイトルを保持していた藤井聡太は賞金・対局料だけで1億円を超えた。さらにCMやメディア出演料なども含めると、弱冠20歳で年収2億〜3億円は稼ぎ出していると推測される（23年3月に棋王を獲得し六冠）。

ただし、対局料や賞金を合わせて年収1000万円を超える棋士は、全体でも1割程度だという。年収数百万円以下も少なくない。

将棋は勝負の世界だ。どんな勝負も常勝は難しい。いくら〝天才〟と持て囃（はや）されても、さらに上をゆく者がいつ現れるかもしれない。そうしたプレッシャーと戦うのも勝負師たちの仕事なのだろう。

国内で最も稼ぐスポーツはテニス

頂点は年間66億円の大坂なおみ 家賃の支払いさえ心配な選手も

テニスで最もグレードの高い４大大会の優勝賞金は、億を超えている。世界ランキングトップの選手たちが高額な賞金と多数のスポンサーを獲得する一方、世界ランキング下位の選手たちは厳しい経済事情を抱えているという。

世界トップのプロテニスプレーヤーが手にする収入は他アスリートと比較しても高額だ。米経済雑誌『フォーブス』によれば、２０２２年に女性アスリートで最も稼いだ人物は女子テニスの大坂なおみ選手で、日本円にして66億円を超える。

世界的に人気の高いテニスは世界ランキングの上位に名を連ねるような有名選手にスポンサーがつきやすく、その結果、高収入に繋がっているのだ。大会ごとの優勝賞金も高額だ。２０２０年に4大大会の1つである全米オープンで優勝した大坂選手は、3億１８００万円の賞金を獲得。一度の優勝でサラリーマンの生涯年収を超える額を手にしたことに

世界で最も稼げるスポーツ

2022年度版女性アスリート番付

順位	選手名	国籍	競技	ドル	円
1	**大坂なおみ**	日本	テニス	5110万ドル	66.4億円
2	**セレナ・ウイリアムズ**	アメリカ	テニス	4130万ドル	53.7億円
3	**アイリーン・グー**	中国	スキー	2010万ドル	26.1億円
4	**エマ・ラドゥカヌ**	イギリス	テニス	1870万ドル	24.3 億円
5	**イガ・シフィオンテク**	ポーランド	テニス	1490万ドル	19.3億円

米『フォーブス』が毎年発表するスポーツ選手の収入ランキング。女性アスリートのトップをマークしたのは大坂なおみ。番付５位中４つがテニスだ（１ドル130円換算）

世界ランク下位は火の車

なる。同大会の場合、世界ランキング１０４位までであれば、ストレートに本戦出場が可能で、たとえ本戦一回戦負けでも３５０万円を手にすることができる。

一方、世界ランクが下位の選手は経済的に逼迫（ひっぱく）する場合が多い。４大大会のように注目度・賞金額が共に高い大会に出場するためにはランキングの積み上げが必要だ。それにはまず、世界各地でグレードが低く賞金も少ない大会を転戦しなければならない。そうした大会は本戦に出ても負ければそれまでだ。

テニス選手は個人事業主である。移動費や滞在費、大会参加費、スタッフの給与、それら全てを選手自身が賄（まかな）う必要がある。大会で優秀な成績を収めたとしても、収支が赤字になることはざらだ。さらにコロナ禍が追い討ちをかけた。大会の中止が相次ぎ、生活費すらままならず家賃の支払いを心配する選手もいたというほどの格差が生まれているのだ。

天国

やっぱりあの国が世界一!?

中国スーパーリーグは年収約20億円
日本の実業団は通常サラリー

地獄

卓球世界最強の中国では、卓球選手の年俸は軽く1000万円を超えるという。日本でもプロリーグが開幕して潤うプロ選手が増えつつある一方、実業団選手の環境はなにかと厳しい。

地味なスポーツと揶揄されていたのは遥か昔。日本卓球界は今、空前のブームに盛り上がっている。東京五輪では世界最強の中国を破り、水谷隼(じゅん)・伊藤美誠(みま)選手のペアが混合ダブルスで金メダルを獲得した。水谷選手は、過去に「年収1億円超え」との発言をしており、その後も1億円超えを維持し続けているという。また、卓球流行のきっかけを作ったとも言える福原愛選手は、全盛期に複数のスポンサー契約を結んでこちらも億を超える年収があったとされる。トップの選手になれば、セレブ生活も夢ではないのだ。

世界に目を向ければさらに夢は広がる。「国球」と言われるほど卓球人気の高い中国

卓球最強の中国は年収も桁違い

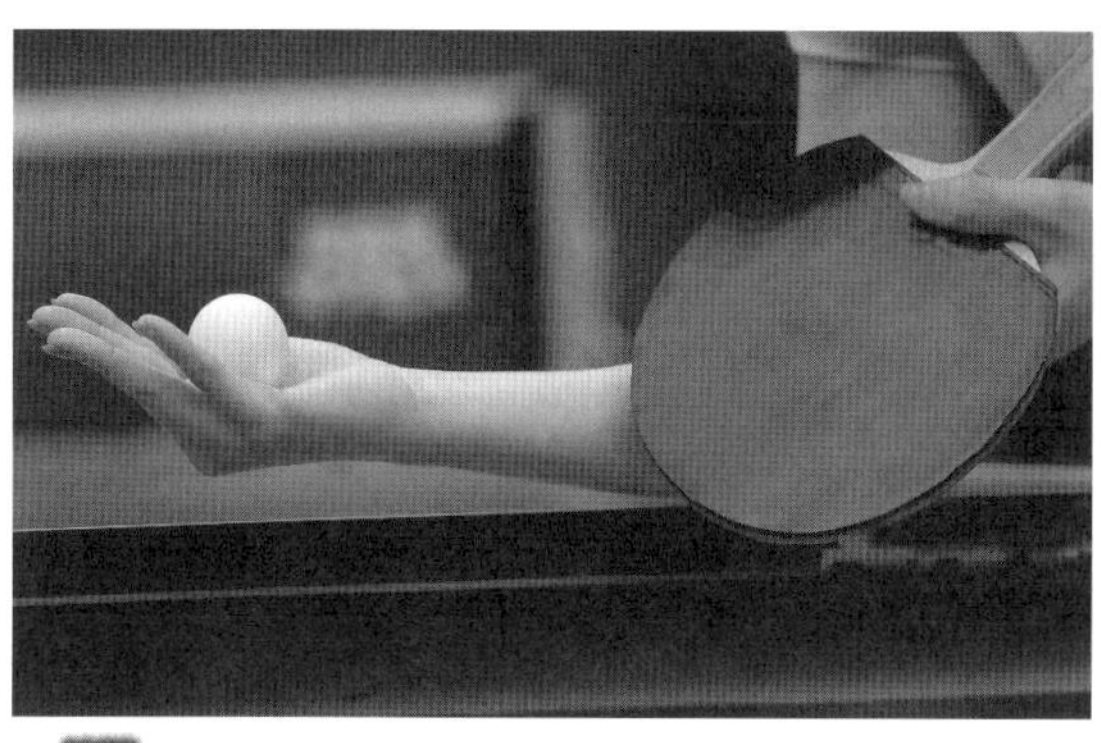

日本人選手の活躍のおかげで国内の卓球人口は増加傾向。中学校の部活では男女合わせておよそ23万人（21年度）。ソフトテニス、バスケットボールに次いで３番目だという

実業団選手の生活は厳しい

の超級リーグでは、国家から月給と大会賞金、クラブから基本給と成績給などのインセンティブ、さらにスポンサーからの広告収入によって年俸１０００万円を超えるのが当たり前。中国のスター選手だった馬龍選手は年収約20億円を稼いでいたと言われる。

一方、日本の実業団に所属する選手はなかなかに厳しい。給料は会社の給与体系に則（のっと）って決定されているため、収入は平均的なサラリーマンと同程度。普段は会社員として働き、仕事が終わってから練習する選手がほとんどだ。大会で好成績を残せば賞金獲得などで年収アップに繋がるため、練習は自然と長く過酷になっていく。上達したくとも限られた時間で技術の向上が望めなければ心も削られる。

ただ、日本でも18年に卓球一本で生活できる素地が固まった。近い将来、馬龍選手のような日本人Ｔリーガーが誕生するかもしれない。

下位騎手は賞金だけでは食えない

武豊は生涯獲得賞金876億円
0円地獄であえぐ騎手も多数

イギリス発祥の紳士のゲームと言われる競馬。日本でもファンは多く、毎週どこかでレースが行われている。最高賞金4億円を目指して、日々しのぎを削る騎手たちの日々とは。

日本中央競馬会（以下ＪＲＡ）の２０２２年の最高賞金獲得選手は川田将雅で約31億円だった。まさに天国級の数字だ。ただ、この全てが騎手の手に入るわけではない。

「競馬の世界で一番偉いのはやっぱり馬主なんです。賞金の80％は馬主に渡されます。残りの20％のうち10％が馬が所属する厩舎（きゅうしゃ）に、5％が調教師、最後に残った5％が進上金として騎手の取り分となります」（公営競技に詳しいライター新留若人氏）

前述の川田騎手で言うと、少なくとも約1億５８００万円が彼の手に入ったことになる。

こうなると気になるのが生涯獲得賞金だ。

「世界の競馬情報を集めるＯＬＢＧ．ｃｏｍ

JRAレース賞金ランキングトップ10

順位	レース名	レース場	距離	賞金額
1	**ジャパンカップ**	東京競馬場	2400m	**4億円**
1	**有馬記念**	中山競馬場	2500m	**4億円**
3	**大阪杯**	阪神競馬場	2000m	**2億円**
3	**天皇賞(春)**	阪神競馬場	3200m	**2億円**
3	**宝塚記念**	阪神競馬場	2200m	**2億円**
3	**天皇賞(秋)**	東京競馬場	2000m	**2億円**
3	**日本ダービー**	東京競馬場	2400m	**2億円**
8	**安田記念**	東京競馬場	1600m	**1億8000万円**
8	**マイルチャンピオンシップ**	阪神競馬場	1600m	**1億8000万円**
10	**高松宮記念**	中京競馬場	1200m	**1億7000万円**
10	**スプリンターズステークス**	中山競馬場	1200m	**1億7000万円**

トップ10だけでも合計25億円となる。JRAの賞金がいかに高額かがわかる。上の表はG1と呼ばれる最高グレードのレースだ。この他に3000万～1億円ほどの重賞レースと言われるものだけでも年間100以上開催されている。日本の競馬界は世界的に見ても天国に一番近い場所なのだ

の調査によると、2021年時点で最も多額の賞金をゲットしたのは武豊の約876億円でした。武は国内だけでなく、世界のレースで活躍していることもあり、進上金は5％以上のこともありますが、最低でも43億4500万円を手にしたことになりますね」（同前）

さらに騎手の収入はこれだけではない。レースに出場し、騎乗しただけで騎乗手当と騎手奨励手当が支給される。レースのランクによって金額は変わってくるが、概ね4万～8万円だ。年間数百レースに出走する騎手も多くそれだけでも数千万円になる計算だ。

「OLBG.comの生涯賞金ランキングのトップ10中8人が日本人です。イギリスやフランスなど競馬が盛んな国は多いのですが、賞金額で言うとやっぱりJRAがダントツで高い。2022年度の賞金額2位のルメールも、フランス人なのですが、JRAの賞金を目当てに参戦している1人です」（同前）

22年獲得賞金ランキング1位は31億円超

通算獲得賞金トップ10

1	武豊	約875億7100万円
2	横山典弘	約616億7005万円
3	蛯名正義	約527億3655万円
4	福永 祐一	約527億3509万円
5	ジョン・ヴェラスケス（プエルトリコ）	約473億7124万円
6	柴田善臣	約458億6850万円
7	岡部幸雄	約394億4436万円
8	ハビエル・カステリャーノ（ベネズエラ）	約390億2646万円
9	藤田伸二	約385億689万円
10	岩田康誠	約380億1281万円

1位の武豊は、1969年生まれ。87年に17歳でデビュー以来、常にトップクラスの成績を収め続けているレジェンドだ（「OLBG.com」の調査より）

だからこそ競馬で一旗揚げたいと思う人間はJRAを目指す。しかし同会所属の騎手になるには競馬学校に入学し、養成期間を経て騎手免許に合格しなければならない。

もちろん簡単ではない。競馬学校騎手課程の令和5年度分の入学実績を見ると、192名が受験し、合格したのはたったの7人。競争率実に27倍以上だ。

146位以下は0円

こうした狭き門をかいくぐったとしても、JRAの騎手の全員が天国に住めるわけではない。

「賞金ランク上位は進上金が1億円を超えますが、100位だと500万円程度です。146位以下は0円。騎乗手当と騎手奨励手当で稼ごうにも、実力も人気もなければレースに出ることすらできません」（同前）

厩舎に所属している騎手であれば、馬の世

勝てない騎手は売り込みのためにドサ回り

JRA獲得賞金ベスト10（2022年）

1	川田将雅	31億5709万円
2	クリストフ・ルメール（フランス）	28億8133万円
3	横山武史	23億4003万円
4	戸崎圭太	23億1567万円
5	松山弘平	22億3001万円
6	福永祐一	22億654万円
7	武豊	19億5492万円
8	吉田隼人	19億3728万円
9	坂井瑠星	18億6813万円
10	岩田望来	18億2719万円

「JRAの賞金目当てに参入してくる外国人は今後も増えてくると思います。その分、はじき出される日本人も生まれるわけですが」（新留氏）

話などの雑務をこなすことで収入を得ることもできるが、フリーの騎手はＪＲＡの厩舎が集まる茨城県南部の美浦（みほ）村と滋賀県南西部の栗東市に日参し、自分を売り込む「ドサ回り生活」だ。

「競馬は人気商売です。武豊のように実力と人気が備わっている人であれば、乗ってもらいたいと思う馬主は多い。でも、無名で実力もなければ鞍にまたがることすらままならない世界なのです。さらにここまでお話ししてきたのは日本中央競馬会（ＪＲＡ）の事情です。地方競馬に目を向けると内情はもっと厳しいです」（同前）

全国の自治体が運営する地方競馬は相対的に賞金も低く、レースで勝っても騎手の手取りが数千円という例もある。

ただお金より競馬文化を楽しみたいという関係者やファンは多い。収入だけでは量れない世界だ。

ラグビー界の天国と地獄

天国

地獄

新リーグ発足で空前のブーム

プロ契約スターは年俸数千万円 社員選手は年収700万円程度

W杯での大活躍に加え、新リーグ「リーグワン」の発足と、空前のブームを迎えている日本ラグビー。しかし、華やかな生活を送れるのはごく一部のスター選手だけ。大半の選手は所属企業の会社員なのだ。

日本ラグビーの新リーグ元年となった2022年——。従来のトップリーグと違い、新リーグの「リーグワン」では各クラブが積極的に収益化を行い、待遇面でヨーロッパやニュージーランドのプロリーグに近づく試みが行われている。とはいえ、現状ではクラブの母体となっている企業の会社員として勤務する選手がほとんどだ。クラブとプロ契約を結んでいるのは日本代表に選ばれるような一部の選手にすぎない。プロ契約している日本代表選手の年俸は1500万円以上と魅力的だ。

人気・実力ともにワールドクラスの田村優選手やリーチマイケル選手レベルになると、4000万~5000万円だと言われる。

スター選手は年俸5000万円も

ラグビー リーグワンの主な親会社の年収

会社	平均年収	大卒初任給
神戸製鋼所	786万円	21万8060円
パナソニック	744万円	21万7000円
トヨタ自動車	858万円	20万8000円
NTTドコモ	874万円	22万0040円
ヤマハ発動機	714万円	21万4000円
東芝	867万円	21万7000円
三菱重工	860万円	21万5000円

どれも我が国のトップクラスの大企業だ。社員選手になるのも勝ち組だ
（『就職四季報2023年版』より）

社員選手は安定した人生を送れるが……

さらに、日本代表として活動する際には選手一人につき1日1万円の手当がつくため、代表合宿や試合などで年間200日程度の活動を行った場合、この数千万円の年俸に200万円がプラスされる。

しかし、母体の企業にサラリーマンとして勤務している大半の選手はそうはいかない。社員選手の報酬は、勤務する企業の平均年収と大して変わらない。もちろん金額は企業によって異なるが、コベルコ神戸スティーラーズの母体となっている神戸製鋼の場合、社員の平均年収は786万円。そこにラグビー部員手当が支給されているとしても、年収1000万円には届かない。

もっとも、社員選手は現役引退後もトヨタやパナソニックといった大手企業に社員として残れるので、より安定した生活を送ることができる。人生は長い。どちらを天国とするか判断は難しいところだ。

天国

ファイトマネーの知られざる格差

メイウェザーは216億円 日本のC級は1試合数万円

地獄

ハングリーでも、拳ひとつで巨万の富を得られる！　成り上がりの象徴ともいえるボクシングの世界だが、そんな輝かしいサクセスストーリーは、マンガや映画の中にしか存在しないようだ。

プロボクサーは個人事業主だ。定期的な収入はなくファイトマネーに頼るしかない

ボクシング1試合のファイトマネーの最高額は、２０１５年5月2日に行われたVSパッキャオ戦でフロイド・メイウェザーが得た1億８０００万ドル（約２１６億円）だ。この試合は視聴者が課金するＰＰＶシステムが導入され、これだけで数十億を稼いだとされる。

ただファイトマネーはプロテストに合格してライセンスを取得後、試合に出場しなければ懐には一銭も入ってこない。

「日本のプロボクシングのファイトマネーは、C級ライセンスで6万円程度から、B級ライセンスで10万円程度から、A級ライセンスで

賞金とテレビの視聴料金で稼ぐ

プロボクシングのファイトマネー

ランキング	ファイトマネー
日本ランク10位以内	数十万～100万円程度
A級ボクサー	15万～50万円程度
B級ボクサー	10万～30万円程度
C級ボクサー	6万～10万円程度

「ジムがマネジメント料として33％を徴収するので実質の手取りは７割程度。またファイトマネーを現金でくれるところもあれば半分はチケットで渡され、自分で売らなければいけないところも」（本文に登場する格闘ライター）

過酷な練習&バイト漬け

15万円程度からで、そこから所属ジムがマネジメント料を33％差し引くので、手取りはファイトマネーの７割ほど」（格闘技ライター）

常にケガや死の危険と隣り合わせの割には、手にできる額は正直少ない。日本ランキングの上位に入り、スポンサーなどがつけばファイトマネーも１試合で50万円ほどになるが、試合は多くても３カ月に１回程度。ボクシング専業だと生活は厳しい。またジムによって支払い形態も違う。

「ファイトマネーを現金でくれるところもあれば半分はチケットで渡され、自分で売らなければいけないところもあります」（同前）

名が売れないうちは辛い生活だ。バイトをしながら練習に励む選手が多い。それでいて選手生命は短く、ほとんどは20代で引退だ。

ファイトマネー数億円の天国を味わえるのはほんの一握り。多くはハングリー地獄で闘っている。

競技と所属の違いで雲泥の差

報奨金1億円の東京五輪メダリスト 敗退組は報奨金どころかマイナス計上

東京五輪で金メダルを獲得したフェンシングの選手に1億円の報奨金が贈られた一件は記憶に新しい。選手たちが2024年のパリ五輪に向け始動しているなか、カネをめぐる五輪の光と影を調べた。

東京五輪で日本選手団は史上最多となる27個の金メダルを獲得した。銀と銅を合わせた58個のメダル総数も過去最多。しかしメダル獲得で天国の気分を味わった選手もいれば、残念ながらメダルに届かず敗退した選手もいる。

まずは「天国」のケースから紹介しよう。

筆頭は、なんといってもフェンシング男子エペ団体の見延和靖選手だろう。この聞き慣れない競技で日本初となる金メダルを獲得した見延選手には、所属するアミューズメント企業から1億円もの報奨金が贈られた。

さらに金メダリストには日本オリンピック委員会（ＪＯＣ）から500万円、各競技団

陸上、ゴルフは報奨金高

各競技団体の報奨金

競技	金メダル	銀メダル	銅メダル
陸上	2000万円	1000万円	800万円
ゴルフ	2000万円	1000万円	600万円
空手	1000万円	500万円	300万円
バドミントン	1000万円	500万円	300万円
バスケット	500万円	300万円	100万円
野球	500万円	200万円	100万円
ボクシング	100万円	50万円	30万円
体操	50万円	30万円	20万円
上とは別に日本オリンピック委員(JOC)から	500万円	200万円	100万円

2021年に行われた東京オリンピックで、日本は金27、銀14、銅17個のメダルを獲得した。団体やリレーなど複数人で行う競技には1人ずつ規定額を支払った。JOCは4億円以上を支出した計算だ

体操、ボクシングの報奨金はささやか

体から50万～100万円程度の報奨金が出る。

卓球の伊藤美誠選手は混合ダブルスで金、女子団体で銀、女子シングルスで銅を獲得した。JOCと日本卓球協会からの報奨金を合計すると1800万円だ。

「知名度の高い伊藤選手は複数の企業がスポンサーについていることに加え、五輪前後は大手ゲーム会社やメガバンクのCMにも出演していたので年収は数千万円にのぼると言われています」（スポーツ紙記者）

対照的なのが敗退した選手だ。単に悔しい思いをするだけでは済まない。スポンサーがつかないマイナーな競技のなかには、選手が自腹で遠征費などの費用を捻出しているケースもある。そのため収支が大赤字になってしまうこともあるのだ。見延選手のように1億円の報奨金を受け取った選手がいる一方、メダルを逃したことで生活苦を味わう選手もいるわけだ。

天国

国内1位は賞金1億5000万円超
加齢で消えていくプレイヤーも多い

オリンピック競技への道も拓けるかも

地獄

ゲームが上手いと高額を稼げるということで、子供たちからも憧れの職業となっているeスポーツプレイヤー。とはいえ、トップでい続けるには、相当の努力と運が必要だ。

「世界トップレベルだと賞金額だけで数億円を超えるプレイヤーがたくさんいます。海外の大会では優勝賞金が数十億円と超高額になることも。これはゲーム内で各プレイヤーが課金した分が賞金額に上乗せされるからです」（ゲーム系ライター）

日本では、こうしたシステムの大会は賭博性があるということでまだ認められていないが、2022年1月に日本で開催された、デジタルカードゲーム『シャドウバース』の世界大会『Shadowverse World Grand Prix 2021』で優勝し、日本開催のゲーム大会史上最高額となる約1億5357万円の賞金を手にしたのは、19歳の日本人大学生・kakip氏

トップゲーマーなら賞金だけで億超え

日本人eスポーツプレイヤー賞金トップ10

順位	プレイヤーネーム	ドル	円	ゲーム名
1	kakip	122万8551ドル	1億5971万1630円	シャドウバース
2	feg	100万3000ドル	1億3039万円	シャドウバース
3	Tokido	54万5626ドル	7093万1380円	ストリートファイターV
4	negima	40万9517ドル	5323万7210円	シャドウバース
5	glory	40万2596ドル	5233万7480円	ハースストーン
6	posesi	36万9965ドル	4809万5450円	ハースストーン
7	Gachikun	32万6582ドル	4245万5660円	ストリートファイターV
8	Mugi	28万3333ドル	3683万3290円	クラッシュ・ロワイヤル
9	Duelo	28万2224ドル	3668万9120円	PUBGモバイル
10	Devine	26万4522ドル	3438万7860円	PUBGモバイル

2023年3月現在のトップ10。ご覧のようにかなり高額だ。オリンピック種目に選ばれるようなことになればさらにアップすることが見込まれる。将来有望な分野だ（eスポーツの情報サイト「Esports Earnings」の情報を基に作成／1ドル130円で計算）

加齢で衰え…引退すれば即無収入

だった。

このような大会で上位に食い込み人気プレイヤーとなれば、イベントやメディア出演、グッズのタイアップ契約など、さらなる副収入も見込める。とはいえ、ただゲームが上手ければすぐに稼げるという世界ではない。

「いくらトップクラスの実力があっても、マイナーなタイトルだと賞金額も低く、思うように稼げません。人気の出そうなゲームを見抜く力と、運も必要です」（同前）

またシューティングなどのアクション系ゲームは、動体視力や反射神経、正確な入力などの運動能力が求められるが、これらのフィジカル要素は年齢と共に衰えていく。

「現役引退後はコーチや運営側にまわるというケースもありますが、そのまま消えていくプレイヤーのほうが多いですね」（同前）

座ってプレーするeスポーツといえども、衰えたアスリートの行き先は暗いようだ。

SNS運用と大会での結果が物を言う

トップは本業＋グッズ販売で年収数千万円
ブラックジムスタッフは事務作業まで

筋トレブームが徐々に広がり、登録者数50万人を超える筋肉系ユーチューバーも出現。筋肉を手に入れたい人にとって手っ取り早いのはトレーナーに指導を仰ぐことだが、そんなトレーナー業界には知られざる格差があった。

筋トレブームにより、トレーナーやインストラクターらの数は２０１９年に３万７０００人を超え、20年前の２倍以上も増加した。そんなトレーナー業界には苛烈な実力主義が存在する。

「大きなボディビル大会などで結果を残し、ＳＮＳやユーチューブでも人気のトレーナーとなればセッション料金は１時間１万～２万円です。そこにオリジナルのアパレルやサプリメントの売り上げが加わり、年収は数千万円を超える人もいます」（東京都内・現役トレーナー）

このようなトップトレーナーともなると芸能人や有名スポーツ選手を担当したり、自身

有名人お抱えは年収数千万も夢じゃない

フィットネスクラブの会員数・売上・トレーナー数

年	クラブの売上	個人会員数	トレーナーの数
2012年	2072億4500万円	210万8886人	3万777人
2013年	2123億3500万円	221万1592人	3万2154人
2014年	2225億6200万円	222万8638人	3万3298人
2015年	2262億1000万円	224万4255人	3万3303人
2016年	2374億8000万円	250万9077人	3万4026人
2017年	2345億4500万円	252万1810人	3万4988人
2018年	2359億2900万円	251万4260人	3万6111人
2019年	2316億8900万円	249万6299人	3万7171人
2020年	1498億2300万円	188万8240人	3万4627人
2021年	1533億8400万円	175万1156人	3万2929人

トレーナーの数は2006年に3万人を超え、その後若干の動きはあるがさほど変わらない。しかし、売上と会員は近年下降気味だ。さらなる格差が生まれそうである（経済産業省調査）

不人気トレーナーは廃業宣言

のジムを経営したりと活動の幅は多岐にわたる。また、全国からトレーニングの依頼があるため、国内外を周遊することも。一方、ブラックなジムに所属してしまうと薄給地獄だ。

「規模が小さく人気のないジムの所属だと年収は200万円前後。人手が足りなければ事務作業も押し付けられます。フリーのトレーナーになる人もいますが、大会の結果も振るわず、SNS運用も下手だと、人気が出づらくお客さんもつかない。思うように売り上げが伸びず、辞める人もかなり多いです」（同前）

ただマッチョ需要は意外なところにもある。

「マッチョの中にはAV男優や女性用風俗のキャストのオファーが来る人もいます。それらを副業にしているトレーナーもいると聞きます」（ジム関係者）

体だけでなく経営のトレーニングも必要な世界なのである。

風俗・裏社会のマネー格差

美しくも儚い女の戦い

高級ラウンジ嬢は時給1万円 コンカフェ嬢はエロオヤジの食い物に

〝女〟という性を最大限に活かして稼ぐ水商売。一見華やかな世界に思えるが、競争は極めて厳しく、勤める店や客の質によって稼ぎは大きく異なってくる。

水商売の世界で勝ち組とされる、高級ラウンジ嬢。客の男性は会員制のため、年収1000万円以上の富裕層が集う。キャストは、キャバクラのように客の煙草の火を点けたりお酌をしたりする必要もなく、もちろんお触りも一切ナシ。服装はフォーマルなワンピースなどで構わないうえ、店からの出勤強制もなく、気が向いたときに月1、2回出勤する程度でいい。それでいて平均時給は5000円、1万円を余裕で越える人気キャストも存

金持ち男ゲットで優雅な海外旅行も

令和の水商売事情

	年齢	時給	スキル	仕事内容
ラウンジ	20代が多く、30代の前半まで	5000円~1万円	S級（スペシャル）の容姿とスタイルに時事問題などを織り交ぜたトーク力	客と会話をして盛り上げる。ドリンクは基本的に店のスタッフが作る
キャバクラ	20代前半がほとんど、地方に行けば30代も	2000円~5000円	そこそこの容姿と愛嬌。客のドリンクやフードの好みにも気を配る	会話を盛り上げながら、客のタバコに火をつけたりドリンクを作ったり
コンカフェ	10代後半～20代前半	1500円~3000円	若さの勢い。容姿よりも元気な雰囲気	ドリンクやフードの提供。歌やダンスのパフォーマンスも

地域最低時給の水商売キャストも

在する。本指名のたびに数千円のボーナスが入ったり、太客からプレゼントや追加のお手当を貰えたりという場合もあるそうだ。

4年ほど会員制ラウンジに勤めたユリさん（仮名）はこう語る。

「私の場合、客からのデートの誘いは断り、たまに店から指示された同伴をするという、プライベートではほぼ客と干渉しないスタイルでも無理なく稼げました。一度、旅行に誘われたときには、高級旅館を楽しみながらお手当として5万円を貰えました」

安売りせずとも稼げるラウンジ嬢だが、そもそもラウンジ勤務というのはかなり敷居は高い。大前提として、金持ち男が「この娘なら高い料金を払ってでも一緒に飲みたい」と思えるだけの顔やスタイル、清潔感、そして会話中の受け答えの朗らかさや連絡のマメさ、遅刻を一切しないといった人間性も重要なポイントとなる。そのため、面接に受かっても体験入店で不採用となる女性も少なくない世界なのだ。

このようにラウンジ嬢になれない女性は山程いるわけだが、彼女たちが次に検討するのはキャバクラだろう。こちらは、露出度の高いドレスに、派手なメイクとハイヒールという格好での出勤となる。キャバ嬢を半年で辞めたレナさん（仮名）によれば、「たいして可愛くない私でも本指名客が数人いましたが、会話はほぼ下ネタ。隣に座ると太ももを撫でられたり、酔った勢いで胸を揉まれたりと、散々でした」という。

さらに本指名客をつなぎとめるべく、毎日の「おはよう」LINEは必須で、アフターでホテルに誘われることもしばしば。接客スキルを磨けば時給5000円レベルに到達可能だが、働き始めは先輩キャバ嬢のヘルプばかりで、時給2000円からのスタートもザラだ。SNSできらびやかに見えるキャバ嬢

【水商売】料理屋・待合・酒場・バーなど、客に遊興させるのを目的とし、客の人気によって収入が動く、盛衰の激しい商売（小学館『大辞泉』）。取材に応じてくれたキャバクラ嬢は「仕事を辞めるときは全部水に流したみたいに忘れられるから水商売なのよ」と笑った

水商売の用語集

太客（ふときゃく）・細客（ほそきゃく）	太客は太っ腹な客、お金をたくさん使ってくれる客。逆の細客はケチな客のこと。太客を何人捕まえられるかが夜嬢たちの天国と地獄の分かれ道
痛客（いたきゃく）	飲みを強要する。触る。下ネタばかりで盛り上がる。要するにキャストに嫌われる客
同伴・アフター	同伴は客と一緒に出勤すること。これも業務だ。アフターは閉店後に客と食事などに出かける業務
チェンジ	席についたキャストが気に入らない場合、他のキャストにチェンジすること
お茶を引く	指名がゼロのこと。お茶を引いて抹茶にする作業は暇な人の仕事だったことからと言われる
黒服	ボーイとも言われる店の男性従業員。キャストのサポートに徹する
空名刺（からめいし）	店名と住所だけが書かれた名刺。新人や体験入店のキャストが使う。空の部分に手書きで源氏名を入れる

夜の用語は昭和の時代からあまり変わらない。夜の盛り場ではお金と夢を引き換えに、変わらぬ戦いが繰り広げられている

は氷山の一角で、大半はスケベでストーカー気質の客の対応にメンタルが疲弊していく。

一方、ここ数年で勢力を伸ばしている水商売がコンカフェだ。一般的にはメイドカフェのような特定のコンセプトを持って営業するカフェを指すが、最近ではそこにガールズバーが一体化したような、アルコールを提供して深夜まで営業する業態が増えている。

コンカフェ嬢は10代後半から20代前半が多く、時給は1000～3000円ほどで、本指名客の獲得で昇給していく。

接客術が磨かれるほど人気になるキャバ嬢とは違い、コンカフェ嬢のウリは「若い娘が頑張って接客している」という〝素人感〟だ。

厄介なのは、以前はキャバクラに通っていたエロオヤジたちが、「より安く、より若い」を狙って流れ込んでいる点である。

それでもコンカフェブームはまだまだ続きそうだ。

天国

AV新法施行で格差はますます加速か

トップ単体女優は1本300万円以上
企画女優は1本3万円で雑用も

近年、自らAV女優を志願する女性が増加し、少ない席を争ってアダルト業界は飽和状態と化している。売れっ子女優が華々しく活動する一方、低単価仕事を地道にこなす者がいるのもまた現実だ。

AV女優を大別すると以下の3種類になる。女優の名前で売り上げを見込める「単体女優」、企画メインだけど、女優の魅力でそこそこ売り上げが見込める「企画単体女優（通称：キカタン）」、その他大勢の「企画女優」だ。1万人以上いると言われるAV女優のうち、頂点に立つ「単体女優」は、ほんのひと握り。ギャラは作品1本あたり100万円超え。売れっ子になると300万円以上だ。さらにグラビア撮影などによる副収入も期待できる。現場では個室待機でメイクさんも付く。

ただ特定のメーカーと専属契約を交わすため他メーカー作品には出られず、撮影は月1回という制限が設けられていることが多い。

売れっ子単体女優は副収入も

台湾のイベントに参加した写真左から尾上若葉、佐倉絆、友田彩也香の３人。日本のAV嬢は国内だけでなく、海外でも人気だ（Photo by TPG/Getty Images）

新法の煽りを受け現場激減

続いて、「企画単体女優」のギャラは女優の人気や作品の企画によってまちまちで、1本あたり30万～80万円ほど。単体女優と違って多くのメーカーに出演でき、そのため、月に数回の撮影をこなし、単体女優以上に稼ぐケースも珍しくない。

作品中に名前が出ない「企画女優」は、端役のほかに素人モノやオムニバス作品などに出演し、フェラ、手コキ、オナニーといった簡略的なプレイで完結することもあるためアルバイト感覚の女優も多い。プレイ内容によって金額が左右されるが、概ね1本3万円ほど、多く見積もっても10万円が良いところだ。

「複数人が出演する企画では、容姿に難ありの数合わせ女優もいます。当然楽屋はなく、メイクも自前。荷物運びなどの雑用を押し付けられることも。２０２２年に施行されたAV新法の煽（あお）りを受け、大人数が出演する企画作品は減少傾向です。名前で売り上げが期待

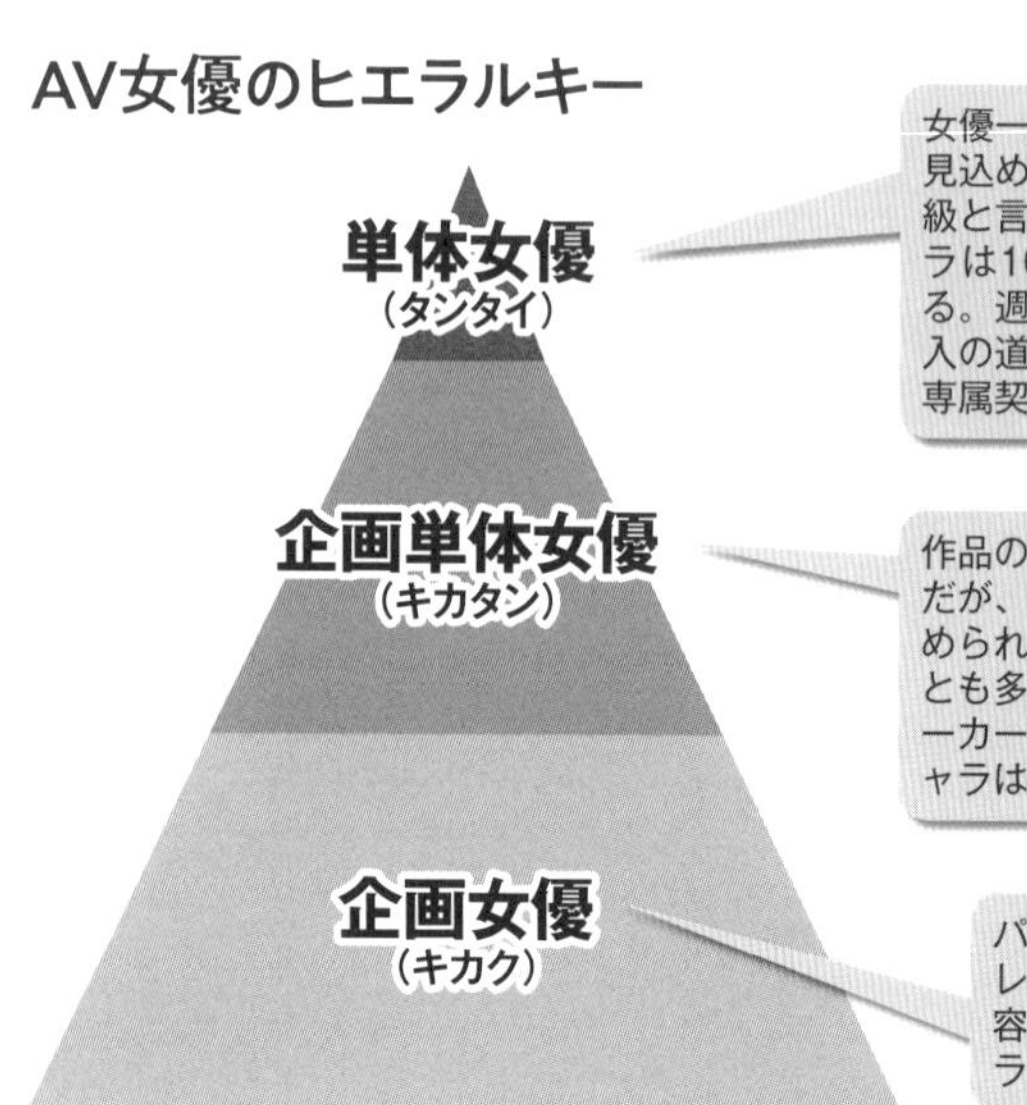

できる人気女優へとオファーが偏る傾向が加速していますね」(AV助監督経験者)

「印紙男優」とは？

続いて、AV男優の給料事情も見ていこう。AV男優の道は、射精するだけの「汁男優」から始まる。メーカーのホームページなどから出演を申し込み、選考を経て採用。現場で良い立ち回りをして現場スタッフの目に留まれば、別の現場にも呼ばれるようになるという流れだ。汁男優のギャラは1発射3000円程度からスタート。経験を積んでタイミング良く発射できるようになると1発7000円程度に上がり、女優と絡む機会も出てくる。

現場の空気を読み、作品に対する貢献度が増してくると「男優」に格上げとなる。

とはいえ最初から売れっ子女優の相手ができるわけではない。無名女優との絡みで経験を積み、ひと現場のギャラが3万円に達して

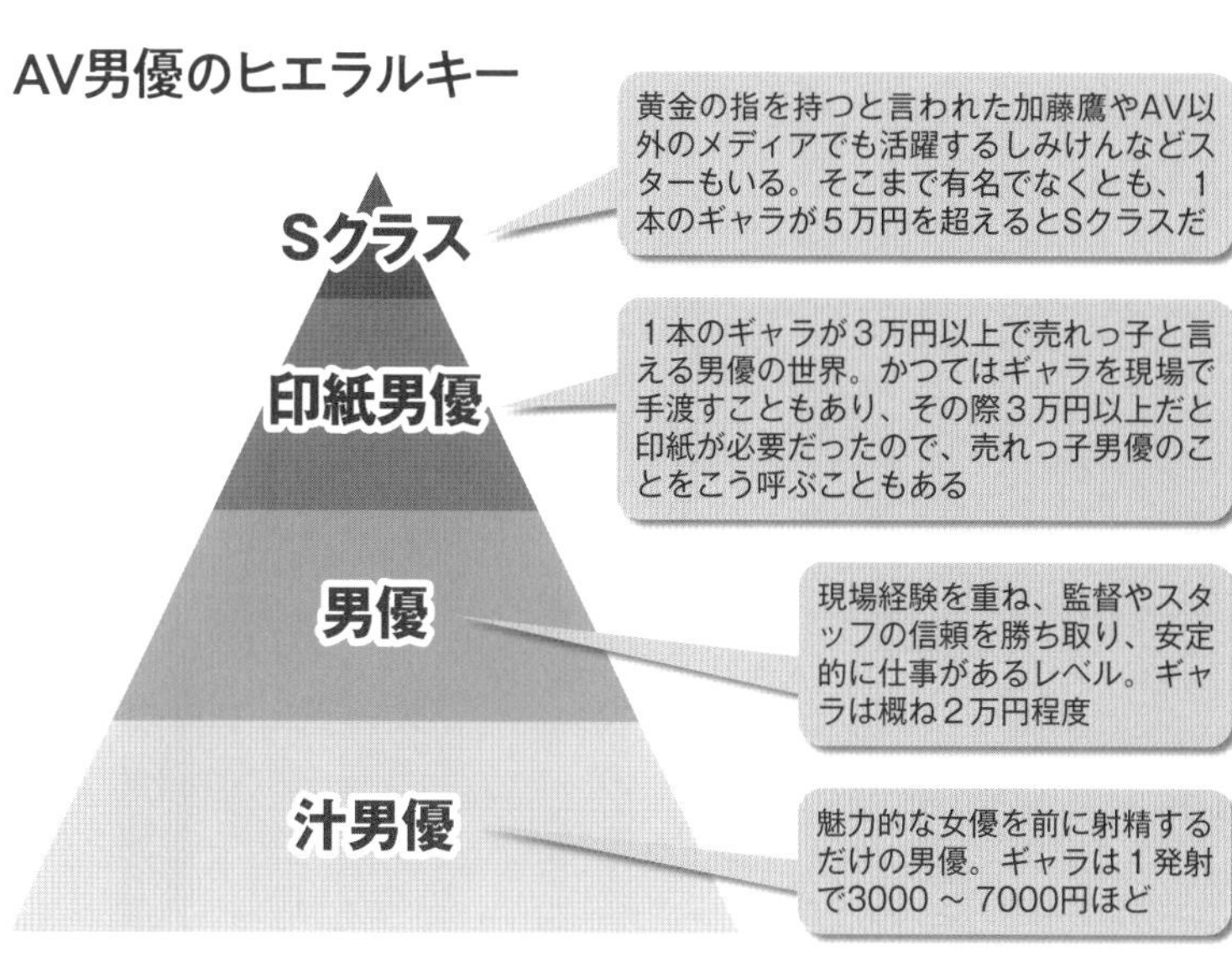

AV男優のヒエラルキー
Sクラス
黄金の指を持つと言われた加藤鷹やAV以外のメディアでも活躍するしみけんなどスターもいる。そこまで有名でなくとも、１本のギャラが５万円を超えるとSクラスだ
印紙男優
１本のギャラが３万円以上で売れっ子と言える男優の世界。かつてはギャラを現場で手渡すこともあり、その際３万円以上だと印紙が必要だったので、売れっ子男優のことをこう呼ぶこともある
男優
現場経験を重ね、監督やスタッフの信頼を勝ち取り、安定的に仕事があるレベル。ギャラは概ね２万円程度
汁男優
魅力的な女優を前に射精するだけの男優。ギャラは１発射で3000 ～ 7000円ほど

一人前だ。男優経験者はこう語る。

「かつては仕事が終わったらその場でギャラを現金で渡されることも多く、３万以上の場合は印紙が必要でした。なのでいっぱしの男優を〝印紙男優〟なんて言ってましたね」

ただ現場で５、６時間拘束されるのは当たり前。丸１日拘束されてもギャラは一律だ。

「最近では絡みの有無にかかわらず、撮影日から1カ月以内の性病検査結果の提出がマストで、濃厚なカラミのある作品の場合は２週間以内の検査結果が必要です。メーカーにもよりますが、検査代は基本的に自腹。時間とコストを考えると割に合わないと、汁男優の段階で挫折する人はたくさんいます」

売れっ子状態をキープするには、日頃の身体作りはもちろん、相手の女性の魅力を引き出すべく、カメラアングルまで意識した〝魅せる絡み〟が求められる。なかなかにキビシイ世界なのである。

ルックスで決まる天国と地獄

一晩10万円のパパ活で優雅に稼ぐ美女たち 格安ソープは「身も心も擦り切れる」

世の男性の多くが、一度はお世話になったことがあるであろう風俗嬢。利用者にとっては天使のような存在だが、本人たちを取り巻く状況は実にシビアである。なぜなら、彼女たちは客を選べないからだ。

風俗嬢といえば、ホストクラブで一晩に数百万円以上を平気で使う羽振りのいい姿が有名だ。一体、彼女たちはそんな大金をどうやって稼いでいるのだろうか。吉原のソープランドで働くアユ（30）が話す。

「賢く稼いでいるコたちは吉原や川崎の高級ソープで働く合間に、中国人の富裕層を相手にパパ活してた。専門のブローカーがいて、一晩10万円くらいの報酬がもらえるんだよね。コロナでその仕事が激減した後は日本の富裕層を相手に個人営業。こっちも中国人と同じくらい金払いはいいよ。でも、当たり前だけどその辺にいるレベルのルックスじゃ客に相手にされないよ。ルックスが悪い子はそれ相

風俗業界見取り図

名称	サービス内容	利用料金目安
ソープランド	店舗型の風俗店。キャスト（サービス提供嬢）は店舗内の個室でサービスを提供する。個室内にはベッドと浴室がある。浴室にて入浴し、そこから自由意志による性的なサービスに発展するという仮の「物語」が繰り広げられる	3万～数万円
デリヘル	デリバリーヘルスの略。ソープランドのように店舗があるわけではなく、キャストは客のいる自宅やホテルに派遣される	60分1万5000円～3万円程度（ホテルに派遣ならプラスホテル代）
ファッションヘルス	別名「店舗型ヘルス」と呼ばれる。デリヘルは客の待っている自宅やホテルにキャストを派遣する業態だが、ファッションヘルスは客が店舗に行ってサービスを受ける	1万円～2万円
ピンサロ	ピンクサロンの略。店内にパーテーションなどで簡単に区切られたソファ席が並び、手や口を使ったサービスが行われる	5000円～8000円

細分化される風俗業界。セクシーキャバクラやランジェリーパブなど、性的な匂いのする店舗型サービスもあるが、ここではいわゆる「抜き」のサービスがある業態に限った

応の場所じゃないと売れないから」（以下、同）

アユの言う「それ相応の場所」とは、たとえば場末のソープランドなどだという。

「場末のソープだと女のコがもらえる額はせいぜい1時間あたり1万円かな。でも格安の場所には人が群がるから出勤すればとりあえずお金は入るんだよね。だからムリして働きすぎちゃうコもいるんですよ」

休憩する間もなく、一日に10人以上の男の相手をすることもザラだ。当然、身体は酷使され、病気のリスクも高まる。だが、何よりも辛いのは客の質の悪さだという。

「格安店に来る男はただ気持ち良くなりたいだけで、女のコがどう思うかとか考えない人が多い」

コンドームの装着が義務付けられている店でも、挿入の直前にこっそり外してしまうような客までいるそうだ。

経験者が完全独白

年間数億円を売り上げる天国ホスト
風俗嬢にいびられる地獄ホスト

天国

「稼げる仕事」と思われがちなホスト。その本場である新宿・歌舞伎町には一攫千金の夢を掲げた若者たちが連日のようにホストクラブの門を叩く。だがその大半は、夢に破れて地元に帰っていくという。

ホストクラブを象徴するシステムのひとつが、「永久指名制」というものだ。来店した客は気に入ったホストを指名し、自分のテーブルに呼ぶことができる。しかし、一度一人のホストを指名すると、以降はその店においてはほかのホストを指名することができなくなるのだ。給料は歩合制で、自分を指名した客が使った金額の40～60%が収入となる。そのため、ホスト同士は指名獲得競争で常にしのぎを削っている。歌舞伎町のホストクラブを経営する男性が話す。

「ホストクラブの客の9割は風俗嬢です。稼いでいる風俗嬢にいかに指名してもらえるかが勝負になってきます。しかし、それ以上に

永久指名でがっぽり

ホストの年収分布

ホストランキング	月収
業界のスター 上位1%	月収は1000万円を超え、タレントとして別格扱いになるホストも
各店舗のスター 上位10%	月収100万～1000万円 安定的にお金を使ってくれる金主を抱える店の幹部クラス
各店舗の中堅	月収数十万～100万円 苦しい新人時代を抜け、ホストとして自信がついてきた頃の20～30代。またこのクラスには50代以上のベテランもチラホラ
売れないホスト 全体の60～70%	月収20万円以下 実はこのクラスが最も多い。自分の収入だけでは生活できないので、女性の部屋を転々とする輩(やから)も

（本文に登場するクラブ経営者の監修のもと作成）

客と先輩からいじめの日々

金を使うのが金主(きんしゅ)と呼ばれる女性たち。彼女たちは親が大金持ちなので、自分の金では遊びません。それゆえ、使い方も荒いのです。年間数億円を売り上げるホストがいるのは事実。彼女らの後ろには億を使っても気にしない金主がいるのです」

しかし、指名がもらえるまでは大変だ。入店したばかりの新人ホストの生活はかなり辛い。歌舞伎町新人ホストの翔（21）が言う。

「新人の仕事は指名客の相手をしている売れっ子ホストの補佐です。調子に乗った客は僕らに酒を潰れるまで飲ませて遊ぶんですよ。先輩の客からの命令なので断れるわけもありません」

限界を迎えトイレに駆け込むと「だからいつまで経っても売れないんだよ」と客からいびられるのがオチだ。それで月の給料は最低保証の約17万円。中には保証のない店もあり、その場合は月に数万円が関の山なのである。

天国

パパ活は性的接触がご法度のハズだけど

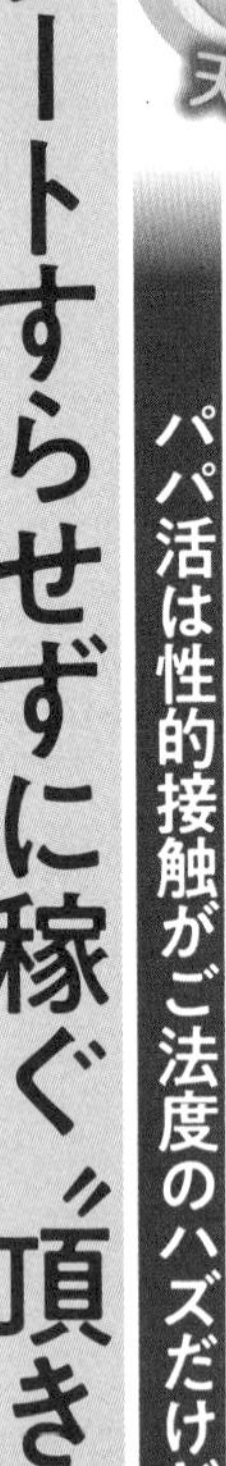

デートすらせずに稼ぐ〝頂き女子〟1日3人を相手しても3万円ぽっち

地獄

本来「パパ活」とは性行為をしない関係を指していたが、今では性的サービス込みで稼ぐ女子が増えた。さらに新型コロナ・パンデミックで市場は大荒れ。新たなパパ活の形も。

若い女性が中年男性とデートをし、その見返りとして金銭を受け取る「パパ活」。パパが支払うカネは「お手当」と呼ばれ、デートの内容によって金額の相場が決まっている。

「元々は、食事だけで1万～3万円が相場でした。本来のパパ活は健全な交際を指しますが、今では性的なサービス込みで活動する女子も増えてて、そうした大人の関係は3万～5万円だったのですが……」（現役パパ活女子）

新型コロナの感染拡大により、市場は大きく荒れたという。

「店が休業して収入が途絶えた風俗嬢やキャバ嬢が参入し、少ないパパを女性たちが取り

言葉巧みに大金ゲット

天国

パパ活料金相場

顔合わせ	5000円程度	SNSや出会い系サイトなどで知り合い、喫茶店やファミレスで互いに自己紹介。お互い合意が取れれば次の段階へ。ただここでも男性から女性への支払いは発生する
ランチデート	1万円程度	この料金、もちろん食費は別。パパ活は「パパが女性の活動を助ける」ものだ。奉仕の精神が大切
ディナーデート	1万～1万5000円程度	ディナーはそれなりのレストランでないとパパ活とはいえない
BARデート	1万5000～2万円程度	ディナーの後にBARタイムが順当だ。ディナー代が惜しいからと、一足飛びにBARデートだとステキなパパにはなれない

この娘、もしかして俺のこと本気で好きなのかも……と勘違いさせてお金をゲットし続けるのが正しいパパ活だ。一部では「大人の関係」を持ち出す不届き者もいるが、そうなるとパパ活とは別モノになってしまう

ほぼ風俗のパパ活も

合う形になったんです。なかには現役CAなんかもいて、ルックスで太刀打ちできないパパ活女子は単価を下げるしか道がなく、1日3人を相手しても3万円しか稼げないなんて悲惨な状況になっているんです」（同前）

パンデミックの影響はこんなところにまで波及しているようだ。しかし、コロナ不況を追い風にして荒稼ぎする女子もいるという。

「『実は借金があるんだけど、コロナの影響でバイトのシフトが減って返済できなくて……』などと言葉巧みに、男性からお金を巻き上げる女子が一気に増えてきた。私らはそういうのを『頂き女子』と呼んでます」（同前）

恋愛偏差値の低そうな男を狙い、「あなたしか頼れる人がいない」といった甘い言葉で攻めて大金をせしめるわけだ。性的なサービスはもちろん、デートさえせずにお金だけゲットする猛者もいるという。そんな女子に引っかかってしまう男も男だが。

天国

「本家」の組長は年収数億円 弱小団体は雀の涙で極貧生活

地獄

カタギの世界より遥かにシビアなピラミッド格差

「暴対法」そして「暴排条例」により警察の締め付けが年々厳しくなるなか、ヤクザの世界では稼げる者と稼げない者の明暗が分かれている。若手人材は半グレに流出。

「暴力団対策法」、通称「暴対法」が1992年に施行されてから30年以上。昭和時代には、多数の死傷者が出る大規模な抗争が頻発していたが、暴対法施行以降はそのような抗争は激減した。近年ヤクザが出世するための評価基準はもっぱら「カネ」で、より多くの上納金を納めた者が出世するという。

暴力団では組員すべてが個人事業主扱いのようなもので、「シノギ」（仕事・収入）のために組の看板を使わせてもらう見返りとして、下部団体から上部団体に上納金を納めるという理屈で、ネズミ講のように、下から上へとカネが流れるピラミッド構造となっている。そして、そのピラミッドの最頂点にいる「本

トップクラスはセレブ生活

ヤクザの集金システム

上納金の他にも、本家の関連する会社の商品（おしぼりなどの日用品）を強制的に買わせることで集金するシステムもある。それらを合わせると、トップの組長には年間数億の金が集まる

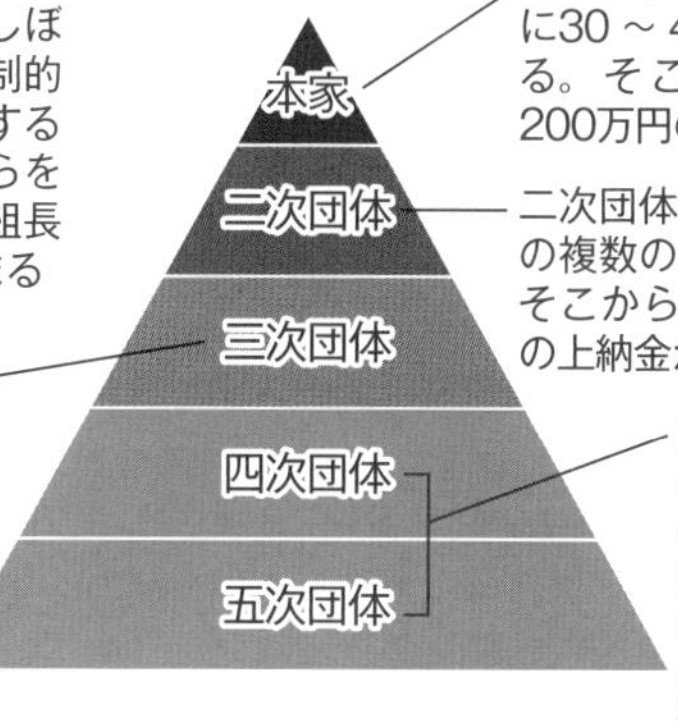

大きな組織になると本家の下に30 ～ 40の二次団体を抱える。そこから月額100万～200万円の上納金が入る

二次団体のトップもそれぞれの複数の「組」を持っており、そこから月額20万～ 30万円の上納金が入る

三次団体の下にも同じように大小の組織があり、上納金が集まる。大きな組織になるほどピラミッドの裾野は広く、五次団体まで抱える組織もある

四次団体、五次団体となってくると組そのものが小さく、中には1人組長の組織もある。上納金を払えば残りは少なく、極貧生活の者も多い

地獄

末端構成員は収入ゼロでヒモ生活

家」の組長の年収は、数億〜数十億円にものぼり、その内訳は数十、数百もの配下団体からの上納金がほとんどだと言われている。

下部団体が行うシノギは、オレオレ詐欺の元締め、闇金、覚醒剤などの違法薬物の密売、違法賭博や競馬や競輪といった公営競技のノミ行為など多岐にわたる。

ヤクザになりたての「部屋住み」と呼ばれる下っ端構成員は、掃除や食事の用意、電話番などの雑用を担当するが、兄貴分から数万円の小遣いが出る程度で、この小遣いすら支給されないケースも多い。「暴力団排除条例」、通称「暴排条例」などの締め付けも厳しく、まともに稼げずヒモ生活から抜け出せない構成員はザラにいるようだ。もはやヤクザであることのうまみは少なく、若い不良はより自由に活動できる半グレに流れている。このまままいけば、いずれヤクザの世界のピラミッド構造が崩れる日が来るかもしれない。

檀家は知らない裏事情
お布施と副業で「坊主丸儲け」
マンション坊主は派遣会社に中抜きされ

宗教法人の宗教活動は一般企業とは異なり営利目的とならないため、儲けは所得税の対象とならない。これが、「坊主丸儲け」と揶揄される所以(ゆえん)であるわけだが、潤っている僧侶などほんの一握りである。

檀家とは、寺の信徒になり経済的支援をすることで葬式などの法要を執り行ってもらう家のことである。一般的に儲かっている寺は、この檀家を多く抱えている。檀家からの経済的支援には主に入檀料（10万～30万円）、護持会費（年間5000～2万円）、そしてお布施だ。お布施は通夜・葬儀で15万～50万円、法要で3万～10万円が相場となっている。もちろん、これらの収入は非課税であるため、檀家が多ければ多いほど僧侶も潤うことになる。

　副業に精を出す僧侶も多い。お札、お守り、おみくじなどが挙げられるが、こちらも宗教活動であれば非課税。

　宗教活動以外の書籍の出版やメディア出演は一般企業であれば法人税が約23％、ところが宗教法人は15～19％だ。世間への露出は寺の収入に直結するので、税金を払ってもお釣りがくる。まさに「坊主丸儲け」だ。

　反対にマンション坊主と呼ばれる寺を持っていない僧侶たちの境遇は気の毒だ。

　昨年、出家をした真言宗の新人僧侶が話す。

「先祖代々受け継がれている寺院に生まれた僧侶はその寺を引き継ぐことになりますが、私のように寺の子ではない場合、簡単に寺を持つことなどできません」

　その場合、雇われ坊主として働くことになるが、月収は15万～25万円。派遣会社に登録して、法要などを請け負う道もあるが、読経代が3万円でも派遣会社に中抜きされ、一件につき僧侶の手元に渡るのは半額の1万5000円程度。派遣会社を使うような家は僧侶に対する敬いの心が薄いので、高額の布施は期待できないのだとか……合掌。

多角経営の丸儲け坊主

僧侶の格差

檀家坊主

「入檀料（10万～30万円）」「護持会費（年間5000～2万円）」「通夜・葬儀のお布施（15万～50万円）」「法要1件（3万～10万円）」

マンション坊主

自分の寺を持っていないため、檀家を集めることがそもそもできない。雇われのお坊さんとして月収15万～25万円。法要でお経を読んでも手取りは1万5000円

檀家の数が僧侶の収入のバロメーターなのは確か。ただ今後、デジタル・ネイティブ時代になればリモート法要などで稼ぐ僧侶が現れてくるかもしれない

報われない寺なし坊主

天国

VIP客を複数抱えて1千万円超えの勝ち組

個人タクシーでもダメなものはダメ

2002年に改正された道路運送法により、新規参入が原則自由化となったタクシー業界。その結果、タクシーの台数は増えたが、長引く不況でタクシーに乗る客は減少。ドライバーの収入格差は広がる一方だ。

東京都中央区を拠点に営業する竹内さん（仮名／65歳）はトヨタ、クラウンの最高級RSアドバンスを営業車として使っている。

「去年こいつに乗り換えたんだけど、常連さんがこれより安い車はダメだって言うからさ。大出費ですよ」と言うが、表情にはどことなく余裕がある。

2002年に業界に入り、12年からは個人タクシーの資格を得て独立。以降営業利益が1000万円を下回ったことはない。

「1回に2万円くらい使ってくれるロングの常連さんが5～6人ほどいるから、これをベースに効率を考えて回る。1日の目標額はだいたい5万～6万円だね」（同前）

負け組は組合費が払えず借金地獄

地獄

ロングの常連抱えて安泰

タクシー業界の客数と営業収入推移

年度	客数	営業収入
平成27年	約14億6600万人	約1兆6840億円
平成28年	約14億5200万人	約1兆6660億円
平成29年	約14億4500万人	約1兆5960億円
平成30年	約13億9100万人	約1兆5700億円
令和元年	約12億6800万人	約1兆4950億円

お客さんの数も営業収入も減少傾向。ちなみに令和元年の営業収入は昭和50年代前半とほぼ同レベル。当時は現在の約2.5倍の人がタクシーを利用していた（「一般社団法人 全国ハイヤー・タクシー連合会資料」より）

法人タクシー 企業規模別の収入

企業規模	年収	月収	ボーナス
1000人以上	415万9300円	33万100円	19万8100円
999〜100人	395万2500円	30万8200円	25万4100円
99〜10人	291万2100円	23万4200円	10万1700円

個人タクシーは自己責任の世界だが、法人タクシーも企業規模によってかなりの差がある（令和元年「賃金構造基本統計調査」より抜粋）

個人は補償なしの恐怖

都内に構えた一戸建てのローンは既に完済。今年から年金も入り始めたので生活は安定している。一方同じように法人から個人に移行したが、地獄を味わっている人もいる。

マージンが引かれない分、確かに法人より個人タクシーのほうが売り上げアップの可能性は高い。ただ、ドライバーのセンスと営業努力がなければ成果は伴ってくれない。個人タクシーは車のメンテ費用やガソリン代などはもちろん自分持ち、体調が悪くて営業できなくても補償はない。

前出竹内さんの同僚には、個人タクシー組合の組合費を滞納し、借金まみれの挙句に個人タクシー事業者の資格をとりあげられて廃業したドライバーもいる。今は交通整理のバイト生活なのだそう。

それでなくても年々利用者の減り続けているこの業界。右のような風景は今後さらに増えていくのかもしれない。

天国

高級店は〝時価〟と〝おまかせ〟でがっぽり
回転寿司店長は寿司よりバイトシフトを握る日々

世界に誇る伝統食の裏の裏

「職人」というだけあって、親方に弟子入りして何年も修業を積むイメージがある寿司業界。一方で、「スクールに数カ月も通えば十分」という声もあり、二極化が進んでいると言われるが……。

「飯炊き3年、握り8年」と、一人前の職人になるには10年以上の修業が必要だと言われている寿司の世界。修業中の仕事はキツく、給料もとても十分とは言えない。

国税庁が発表した「民間給与実態統計調査」によると、寿司職人（板前含む）の平均年収は333万円。これは修業期間中の待遇が足を引っ張っていると思われるが、客前で握れるような腕前になっても月給制の社員扱いだと、それほどの年収アップは期待できないという。

高収入を目指すなら、独立・開業するのが賢明だ。寿司は一般的に高級料理とされ、客単価を上げやすい業態でもあるので、仕入れ

「時価」で稼ぎまくれ! 天国

地獄 チェーンは職人不要

からコントロールできれば利幅は大きくなる。

千葉県の寿司屋を営む男性が言う。

「実際に、高価な寿司屋ほどメニューが少なく、値段は〝時価〟で、客によって値段を変えたり、おまかせコースで出す品目を変えるなど、臨機応変な対応も可能なんです」

逆に、単価の安い寿司の代表が「回転寿司」。一皿100円～の商売をしている大手チェーンでは、機械がシャリ玉を造り、刺身をのせるだけと、職人不要のマニュアルだ。

こうした店舗に社員として勤めた場合、主な仕事内容は寿司を握るよりも、バイトたちのシフト予定を握るほうが重要だ。シフトに穴があけば社員が無理をして埋める。さらに単価が安い分、人件費の切り詰めもシビアだ。上場している大手でも30歳時点の年収は320万円ほどである。ただ、寿司はもともと日本のファストフードだ。安くて旨い。これが本来の姿なのかもしれない。

天国

カリスマブーム終了の業界で

人気サロンの幹部になれば年収数千万円
万年アシスタントで飼い殺しも

地獄

25年ほど前、カリスマ美容師ブームで一気に注目が集まった「美容師」。しかしそんな時代は過ぎ去った。いまや下働き生活を耐え抜いても大半は離職する状況なのだ。

1990年代後半、芸能人の担当スタイリストがメディアに取り上げられたのを機に、カリスマ美容師ブームが起こった。しかし、当時人気だった美容師の無免許問題がスクープされたことなどがあり、2000年を前にブームは終焉。その一方で、ブームに乗って美容師になった世代による美容サロン独立の動きが続き、2019年には美容サロンの店舗数が過去最高の25万4422軒に上った。

実際、オーナーとして独立し軌道に乗れば年収は2000万円ほどと、夢のある職業だが、エステやネイルを含む「サロン」全体で見ると10年以内に95%が廃業するとされ、茨の道であることは明らかだ。

人気店経営で年収2000万円超

理美容業者の倒産件数・負債総額

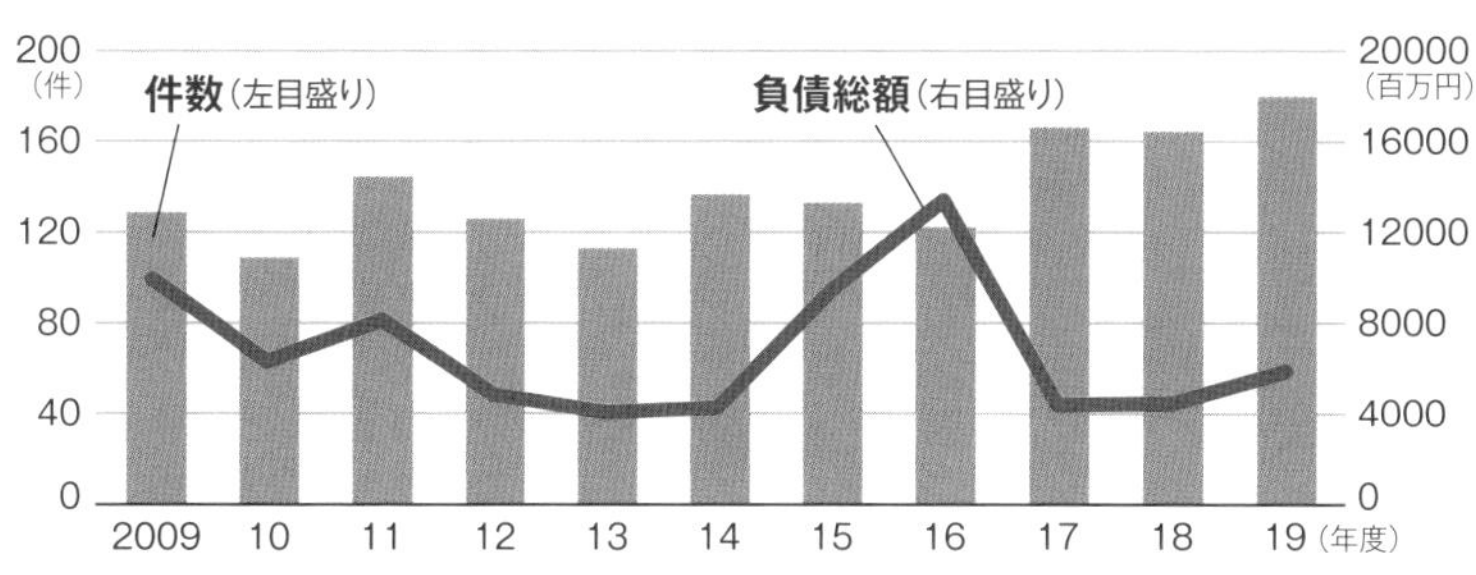

2019年度、倒産件数は180件で過去最多を記録。負債総額は58億6600万円と2年連続して前年度比増加。サロン業の冬の時代は続きそうだ(「帝国データバンク調査」より)

3年以内の離職率は50%

多くの美容室では歩合制がとられる。つまり固定指名客の多寡が売り上げアップの肝だ。SNSなどを通じてカット技術を発信し、客層を広げる若者も増えている。

しかし、美容師の3年以内の離職率は50%を超える。主な原因は、若手への待遇の悪さだと言われる。

美容師の国家資格を取得し、いざヘアサロンに勤めても、最初はシャンプーや清掃などの補助作業ばかりで、まともに髪に触る機会は少ない。1日10時間以上の勤務は当たり前で、業務時間外には自主練習で技を磨く必要もある労働環境のなか、新人の間は月給13万〜17万円。通常はこうしたアシスタント時代を3〜4年ほどで卒業し、晴れて正式に美容師デビューとなるが、なかには人手不足を理由に万年アシスタントを強いる店もある。上り詰められれば天国なのだが、甘い考えではやっていけないシビアな業界だ。

天国

やり方次第でおいしい仕事

ブランド野菜で年収2000万円超え

値下げ競争で疲弊

地獄

農業は、人類にとって最も基本的な職業ともいえる。日本では就農人口は減り続けているが、一方で新規参入組も多く、様々な技術を活用して稼ぐビジネス農家も増えている。

農業は重労働のうえ、稼げないと思い込んでいる人が多いのではないだろうか。需要の低下や、輸入野菜の台頭、さらに高齢化と後継者不足など、マイナス要素が重なって斜陽産業と言われ続けてきたが、ここにきて新たな世代が台頭してている。

農林水産省発表の「令和2年新規就農者調査結果」によると、2020年の新規就農者は5万3740人。そのうち「49歳以下」が1万8380人と、現役世代の数が日立つ。就農人口を増やすために国が様々な支援を行っていることもあるが、農業が〝稼げる仕事〟として認知されてきた証でもある。

稼げる農家は、ビジネス的な経営視点を持

高付加価値野菜で効率よく稼ぐ

10aあたりの農家の所得

農業所得とは粗収益から経営費を差し引いたもの。ししとうが1位となっているが、この野菜は圧倒的に手間暇がかかる。時給換算すれば割の良い野菜ではないのかもしれない。そうしたことも計算に入れ、農家経営は行われる

（「農業経営統計調査（農林水産省）」平成19年度）

順位	野菜名	農業所得
1	ししとう	142万8000円
2	なす	122万6000円
3	きゅうり	118万5000円
4	大玉トマト	90万3000円
5	ピーマン	89万5000円
6	ミニトマト	80万2000円
7	青ネギ	50万4000円
8	白ネギ	40万2000円
9	にんにく	26万5000円
10	さといも	26万1000円

市場暴落で投げ売り地獄

っている。たとえば「効率化の追求」と「利益の最大化」。これを農業に当てはめると、なるべく手間がかからず、高付加価値な野菜を集中して栽培すればいいということになる。キャベツ、ミニトマト、レタスなどがその代表格だ。京野菜、鎌倉野菜など地域特産のご当地野菜をブランド化して価値を高め、年収2000万円以上の農家も存在する。また日本の国土の67％は山林だ。里山は作物資源の貯蔵庫でもある。徳島県勝浦郡の「株式会社いろどり」は高齢者が仕事の合間に木の葉を集め、料理のいろどりを演出する〝つまもの〟として販売し、収益を上げている。

こうした天国要素も多い農業だが作物の最終的な価格はどうしても天気や市場に左右されてしまうため、マイナスリスクは拭えない。

工夫やアイディアのない農家は最終的に市場価格の下落にともなって商品の投げ売り……という道に陥ることも少なくないという。

ブリーダーの天国と地獄

珍種を狙って上手に稼ぎ年収1000万円超

ただ増やせばいいわけじゃない

売れ残って多頭飼育の深い沼

地獄

ペットを繁殖させて、生体販売することで生計を立てる「ブリーダー」。もともと動物が好きで趣味や副業としてやっている人も多いが、専業で稼ごうと思うとそれなりのセンスと、なにより〝運〟が必要だ。

日本では長らくペットブームが続いており、市場は年々拡大している。その根幹を支えるブリーダー・繁殖家もさぞかし儲かっていそうなものだが、そう上手くもいかないようだ。

犬・猫などのブリーダーは、会社組織として営業しているところもあり、入社して月給制で働くこともできる。その場合、給料は14万〜20万円前後。生き物相手なので気が休まるときはないが、年収は300万〜400万円ほどなので動物好きなら悪くない仕事だ。ただ、大きく稼ぐには、やはり独立するしかない。

ブリーダーとして開業するには国家資格などは必要なく、「動物取扱業」の届出と、「動

人気の犬種トップ10

順位	犬種	コメント
1	**トイ・プードル**	ヨーロッパ原産の猟犬「バーベット」が祖先とされている。「プードル」はドイツ語の水たまりという意味
2	**チワワ**	メキシコのチワワ州の名前に由来。「トルテカ」文明時代に人間によって家畜化された
3	**MIX犬**（体重10kg未満）	いわゆる雑種。10キロ未満の小さなものが人気だ。チワワとダックスフンドをかけ合わせた「チワックス」などが人気
4	**柴**（豆柴含む）	一般的に日本犬と言われるのは北海道犬、秋田犬、甲斐犬、紀州犬、四国犬、柴犬の6種。柴犬は各地にいるので地名がついていない
5	**ミニチュア・ダックスフンド**	ドイツ原産。胴長短足の特徴を持つ。生後15カ月以上で胸囲が30～35センチのものをミニチュア・ダックスフンドと言う
6	**ポメラニアン**	ドイツ原産で、ジャーマン・スピッツとも言う。とても頭が良く、しつけやすいとされる。室内犬として人気
7	**ミニチュア・シュナウザー**	これもドイツ原産。利口で怖いもの知らず。オスもメスも体重は4～8kgほど。比較的おとなしく室内でも飼いやすい犬種だ
8	**フレンチ・ブルドッグ**	名前の通りフランス原産。ブルドッグそのものはイギリス原産だが、19世紀の後半にパリで交配されたと言われている
9	**ヨークシャー・テリア**	イギリスのヨークシャー地方で生まれた。犬好きの間ではヨーキーと呼ばれて人気が高い
10	**シー・ズー**	中国のチベットが原産の犬種。中国では宮廷犬として親しまれたという。20世紀の初めにイギリスに輸出され、世界的に人気が出た

（アニコム損害保険株式会社のランキングを参考に作成）

物取扱責任者」の資格を得ればOK。しかし、繁殖のための動物を買い揃える費用に、エサ代や施設費、さらにワクチン代など、かかる経費は意外と多いが、うまく回すことができれば利益は確保できる。また魚類や爬虫類、昆虫などは繁殖の回転が早く、ビジネスとして考えると魅力的だ。希少価値の高い珍種を育てることができれば高値で取引が可能。上手くすれば年収1000万円をコンスタントに超えることもできる。

ペットにも流行があるため育てているうちに旬を過ぎてしまうと市場価格が下がり、これが在庫リスクとなる。ただ、生き物であるがゆえに捨てるわけにはいかない。おかげで多頭飼育に陥り、破綻した例もある。稼げるブリーダーになるためには、ペットを育てる愛情や幅広い知識と共に、市場を読み、いち早く人気種を育てるという〝運〟と〝センス〟が不可欠だ。

天国

年収数千万円から数億円の超高給取り 売り上げが落ちるとレイオフに怯える日々

億万長者と無職を行ったり来たり

米大手金融企業グループのゴールドマン・サックスが社員の大リストラをして話題になった。外資系金融マンといえば超高給取りの代名詞的存在だが、長く仕事を続けて高収入を得る人は少数派なのだ。

世界的に景気が後退するなかで、米大手金融企業グループのゴールドマン・サックスが全社員の約6％にあたる3200人規模のリストラを行い、大きなニュースになった。

外資系の元金融マンがこう解説する。

「外資系金融機関にはトップクラスの人材が集まり、多くの金融マンが数千万円から億単位の年収を稼いでいます。しかし、業績が悪化すれば、その高い人件費が経営を圧迫することになります。そこで、今回のゴールドマン・サックスのように、売り上げが落ちると収益を稼いでくれる一部の超優秀な金融マンを除いてクビにすることがよくあるのです」

そもそも、外資系金融は過酷なノルマや深

超優秀な社員は年収が億単位

世界の金融情報が集まるニューヨークの証券取引所。近くには連邦準備銀行、多数の金融会社があり、ウォール街と通称される。この地を飛び交う数字に金融マンたちは一喜一憂する

下位の社員は業績低下でクビ

夜残業、同僚や他社との激しい競争が当たり前の超のつくシビアな世界。一説に社員の平均在籍期間は4~6年程度と言われる。

さらに、外資系金融マンはケタ違いの高収入なので、税金もケタ違いに高いという。

「たとえば、年収5000万円もらっている外資系金融マンがいるとしましょう。その場合、所得税は1600万円となり、社会保険料は170万円、住民税は450万円。年収の約半分を税金と保険料で納めることになるわけです」(前出・外資系元金融マン)

しかも、外資系金融マンは港区のタワマンに住んだりと派手な生活が身についている。

「デフレ・スパイラル(物価下落と経済悪化)のために業績悪化でリストラされても、自分の生活費をリストラ(再構築)できずに、破産寸前の元金融マンも中にはいます。自業自得だけど、僕の友人はそれをリストラ・スパイラルだと笑ってましたよ(苦笑)」(同前)

メガバンクの天国と地獄

天国

年収1億円超えの役員がわんさか

収入面は安心だが社内競争も過酷

三菱ＵＦＪ銀行、三井住友銀行、みずほ銀行。メガバンクといえばこの3行。年収は30代で１０００万円を超えるというが、激務あっての高収入だ。心をやられて離脱する人も多い世界なのである。

1億円以上の報酬を得ている上場企業の役員は、有価証券報告書での開示義務がある。銀行では三菱ＵＦＪが最多で13人だ。

「これって全職種中で日立製作所の18人に次ぐ2位。すごいですよね」

そう苦笑いするのは40代後半の某メガバンクの社員だ。

出向先で部下からの逆パワハラ

金融機関の新卒の年収はそれほど高くはない。メガバンクでも２５０万～３００万円ほどだ。ただ多くが30代の前半で１０００万円を超える。このあたりからできる人間とできない人間の振り分けが始まり、役職によって格差が生まれる。40代で課長や部長代理などの役職に就くと１５００万円も夢じゃない。

三大メガバンクの給料

	純利益	銀行初任給（大卒）	平均年収	備考
三菱UFJ銀行	3279億6000万円	20万5000円	774万円	三菱UFJ銀行は三菱銀行と東京銀行の合併後、06年にUFJ銀行とも合併して誕生。グループでアメリカ、タイ、インドネシアなどに銀行を保有
三井住友銀行	4147億3700万円	20万5000円	840万円	三井銀行と太陽神戸銀行が合併したさくら銀行と、01年に住友銀行が合併して誕生
みずほフィナンシャルグループ	4710億2000万円	20万5000円	993万円	第一勧業銀行、富士銀行、日本興業銀行が前身。週休3〜4日制を導入するなど人事制度改革にいち早く着手

度重なる再編の末に、この３行が大手銀行の代名詞となった。初任給は低めの横並びだが、伸びしろは大きい。ただ金融の世界はグローバルだ。地球規模で考えると日本のメガバンクがトップ10に入ることはない。みずほの度重なるシステム障害など、日本の銀行の抱える課題は大きい。この業界もトップ人材は海外バンクに流出がトレンドだという（表は『就職四季報 2023年版』を参考に作成）

50代の手前で支店長になる者も出てくる。年収は２０００万円に届く場合もある。

「それ以降出世コースに乗って役員になれば億超えもあるけど、でなければ50代で出向です。今年54歳の先輩は昨年の売り上げが１００億クラスの製造業に転籍しました。銀行での最終的な年収は２０００万に少し足りないくらいだと思います」（前出メガバンク社員）

役員になれなくても、これはこれで天国。ただ出向後に天地が分かれるケースも。

「出向先で〝使えない奴〟の烙印を押され、部下からの逆パワハラにあったりするんですよ。あと、出向先の〝部署ガチャ〟も大切。管理とか総務、経理の部長あたりだと下に文句を言う立場だけど、営業関連とか支店長だと、数字を詰められて病む人も多いんです」（同前）

数字が全ての過酷な世界。生き残るだけでも大変なのである。

天国

首都圏と地方の格差は歴然

朝日、日経は平均年収1000万円超え 意外にがんばるブロック紙

地獄

朝日新聞、日本経済新聞などの大手新聞社は高給取りのイメージが強いが、実際には新聞社によって待遇が大きく異なる。全国紙、ブロック紙、地方紙、それぞれの違いを検証する。

ひと昔前は盤石(ばんじゃく)な経営基盤を誇っていた新聞業界も、現在はネットニュースの台頭や若者の活字離れなどで苦境に立たされ、社員のリストラが話題になることも多くなった。

この経営状況は社員の待遇にも現れている。

例えば、朝日新聞の平均年収は1165万円。電子版が好調の日本経済新聞は1192万円だ(『就職四季報 2023年度版』)。

日本テレビ(1384万円。データ同前)などの民法キー局にはやや劣るものの、朝日と日経の社員は大手メディア企業のなかでも、かなりの高給取りといっていい。

「でも、大手新聞社全体が1000万円を超えるわけじゃない。対外的に発表はしていま

新聞売り上げランキング

順位	銘柄	発行部数
1	読売新聞	686万222部
2	朝日新聞	429万8513部
3	毎日新聞	193万3714部
4	中日新聞	192万7216部
5	日本経済新聞	175万3877部
6	産経新聞	102万6293部
7	北海道新聞	85万4303部
8	静岡新聞	53万7048部
9	中国新聞	51万9078部
10	西日本新聞	43万3006部

最盛期は1000万部を超えていた読売新聞も現在は600万台の後半だ。ただ、こうして眺めると、地方紙の健闘が目立つ。地方の時代を支えるメディアであり続けてほしい（ABC協会「新聞発行社レポート　2022年上半期」より）

せんが、毎日新聞の平均年収は800万円台で、産経新聞は700万円台と言われています。毎日新聞では役員になる手前の局長クラスで、ギリギリ1000万円に手が届く程度だという話です」（新聞業界関係者）

181ページのグラフのように新聞社の数自体が年々減少傾向にあるとはいえ、全国にはなお多くの新聞社が存在する。そして、在京大手と地方の格差は深刻だ。

それでも東北地方、中部地方、九州地方といったいくつかの県にまたがって発行するいわゆるブロック紙は、待遇面で健闘している新聞社も多い。

福岡県に本社を構える西日本新聞などはその最右翼だ。発行部数は約43万部で、産経新聞の半分以下だが、平均年収は857万円（データ同前）である。

「西日本新聞はスポーツに特化した西日本スポーツ（通称西スポ）も発行していて、とても勢いのある新聞社です。北京やソウル、バンコクにも支社があって、アジア関連の情報も充実している。そうしたことからも地元人気は高く、福岡市圏では世帯普及率は朝日や読売などより上です」（同前）

ただ、地域に特化した地方紙は規模も小さく、経営状態も厳しい。ある地方紙記者が語る。

「洪水被災地の取材時なんかでも、大手紙の記者やカメラマンは社名の小旗を付けた社用車で現地入りですよ。ネクタイした運転手を車で待たせて、記者たちは家が流された人にインタビューをしてる。ぼくらのような弱小地方紙はそんな車は出してもらえないから、自分で車を運転して現地入りです。そういう時にはどうしても格差を感じてしまいますね（苦笑）」

あまりにも大きな格差は記者のやる気を奪うことにもなりそうだ。

社名の旗つき社用車で移動の大手

天国

いくらネットメディアが発達したとはいえ、ニュースとなる現場の最も近くにいるのは今も昔もやはり新聞記者だ。今後も報道の形は変わるだろうが、その重要性は変わらない

全国の新聞社数の推移

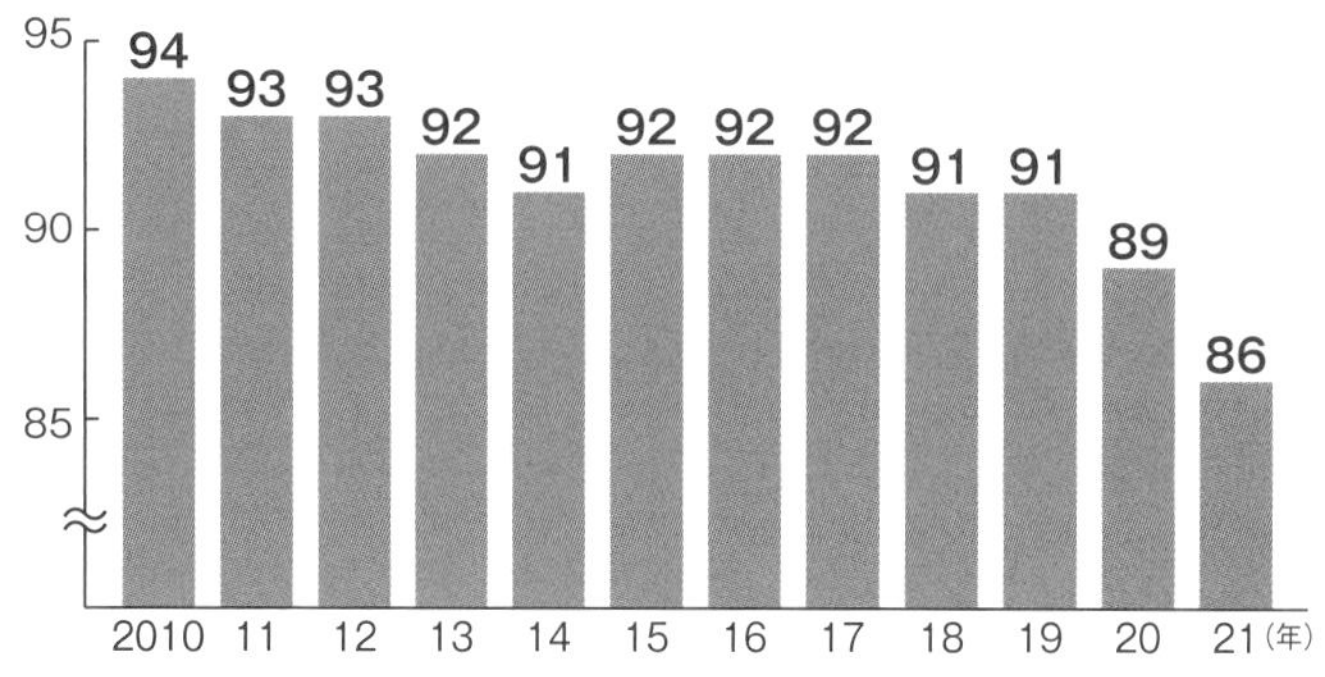

新聞の広告費と全体の売上高の推移

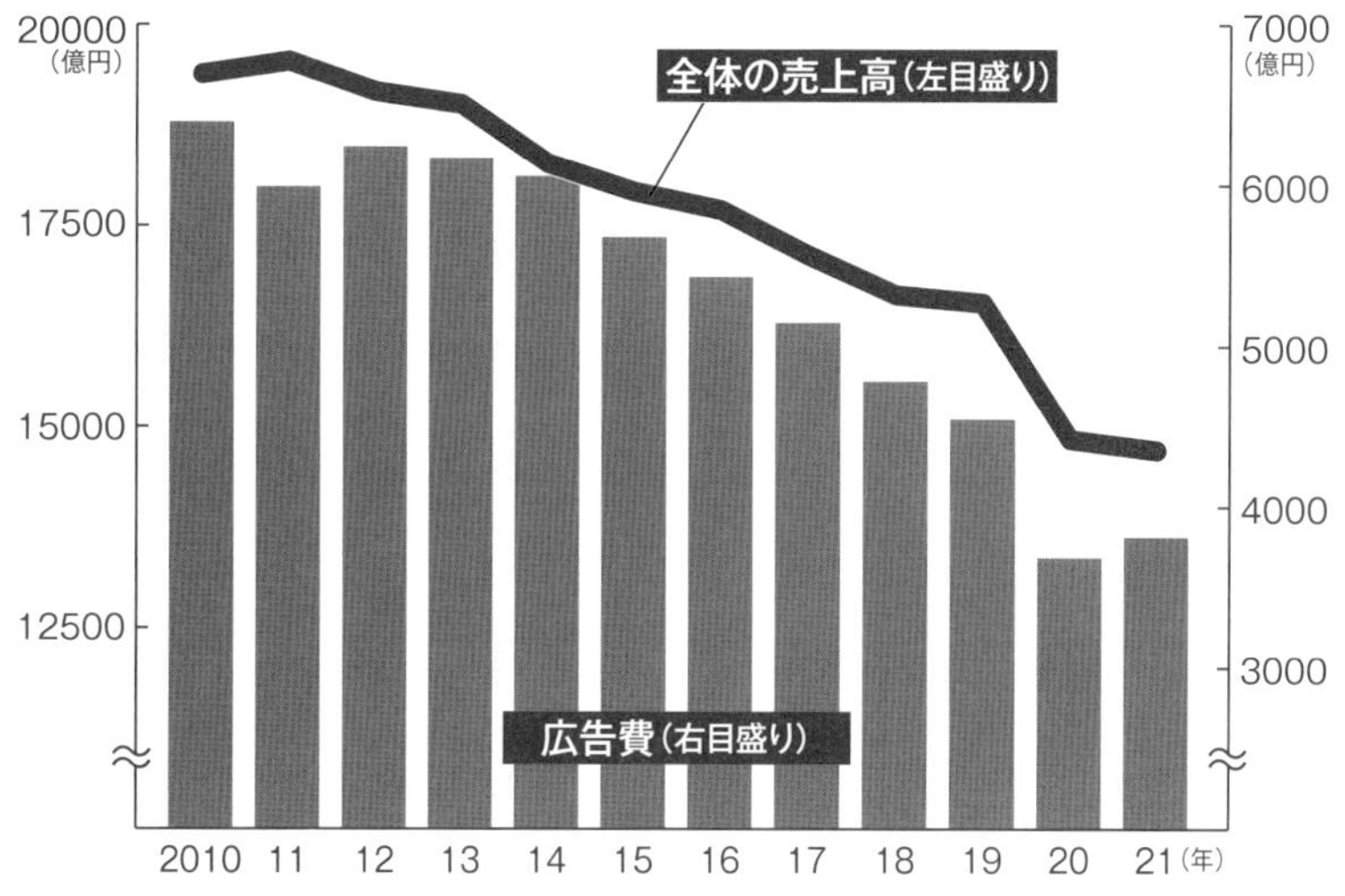

これは日本新聞協会の会員となっている新聞社の統計だ。これだけを見ても、新聞というメディアの現状がわかる。今後も体力のある会社とそうでない会社の格差が広がっていくと思われる

ライターの天国と地獄

天国

今まさに時代が変わりつつある業界

スクープ一発で数十万円の報酬 1文字1円以下のウェブライター

地獄

２０２１年11月、全国の男女１２３１人を対象に「大人のなりたい職業」の調査（ウェブメディア『エラベル』）が行われ、「ライター」が１位に輝いた。しかし、その収入には人によって大きな差がある。

長らく出版業界の花形として世相を映してきた週刊誌も、出版不況の波に飲まれ、軒並み部数は減少の一途をたどっている。とはいえ、大手週刊誌の編集部に属する形で活動する記者（ライター）たちは、まだまだ好待遇と言えよう。毎月出版社から約１００万円のギャラが振り込まれるという某週刊誌のエース記者が話す。

「多くの場合、週刊誌記者たちには基本給というものが支払われています。少ない人でも月に20万円、私は月に40万円は必ずもらえることになっています」

そうした基本給に加えて、原稿料、張り込み手当なども加算され、世を騒がすスクープ

今は軽く見られがちなウェブライターだが、近い将来「天国」と「地獄」が入れ替わる時代がやってきそうだ

を報じた場合には、さらに数十万円のボーナスが出る。ただしこれはあくまで数少ないエース記者の待遇。

一方、ウェブを中心に記事の執筆を請け負うライターの現状は厳しい。とくに文中に検索されやすいキーワードをちりばめるなどして、ひたすら検索上位表示を目指すいわゆるSEOライティングの案件は1文字0・5〜1円ほど。1文字単価が1円だったとしても、前出のスクープ記者と同じ額を稼ぐには、月に100万文字を執筆する必要があるが、ほぼ不可能だ。しかし紙媒体に比べ、ウェブの存在感は増している。

大手出版社のウェブ担当はこう言う。

「SEOライティングの知識はウェブの世界では必須です。ここをバカにしているオールドメディアのライターは近い将来淘汰されることになると思います」

天国と地獄が入れ替わる日は近い？

他にもこんなマネー格差

受刑者も駆り出す無軌道ぶり

忘年会でカラオケ熱唱の高官

地獄

年収数百万円で命がけの現場兵士

２０２２年2月に始まったロシア軍による隣国ウクライナへの軍事侵攻は、大方の予想を裏切って長期化の様相。なのに、軍のお偉いさんたちは危険の及ばない参謀本部で高みの見物だ。

出口の見えないウクライナ情勢。23年1月、ロシア軍は総兵力を現状の１１５万人から１５０万人に増強することを発表するなど、戦争は泥沼化の方向だ。

「ところが国防省のお偉方はのんきなものです。トップのセルゲイ・ショイグは忘年会でカラオケを熱唱しバカ騒ぎしていたことが暴露されています」（国際メディア記者）

一方、現場の兵士は悲惨だ。

ロシア軍の基本的な構成は現役兵90万人と

偉い人は戦争中でも大豪遊

ロシアとウクライナ　戦闘力格差

	ロシア	ウクライナ
現役兵	90万人	19万6000人
予備役兵	200万人	90万人
装甲戦闘車両	1万5857台	3309台
戦闘機	1391機	132機
ヘリコプター	948機	55機
潜水艦	49隻	0隻

この数字だけを見ると大人と子供のようだ。それでもロシアはさらなる兵力の増強を計画。いったどこまで続けるつもりなのだろう…（2022年 米CNNなどの報道より）

一般兵は給料未払いでストライキ

予備役200万人だ。

「プーチンの私兵とも言われる民間軍事会社〝ワグナー・グループ（通称ワグネル）〟が集める傭兵もいます。22年にはロシア中の受刑者が2万人以上減少。同グループが戦場に送るためにリクルートしたとも言われています。さらに兵役を退いた予備役兵からの招集も検討されています。でも最も憤（いきどお）りを感じるのは、徴兵で集められた若者（18〜27歳）まで戦場に送り出そうとしていること」（同前）

ロシアには今でも1年間の徴兵制度がある。徴兵中の招集は基本的に行わないことになっているのだが、無理やり戦場に送り出される例も報告されているという。

「そもそもロシアの徴兵は悲惨。シゴキが並大抵じゃないんです。デドフシチナという名前がついているほど。デドとはお爺さんという意味。先輩が後輩をいじめ抜く。かつては死人が出るほどだったと言われます」（同前）

兵士の年収は550万円ほどだが、ロシア西部・ウリヤノフスク州の訓練施設では未払い事案が発生し、たまりかねた兵士たちがストライキまで行っている。これでは到底命をかけて戦う気にはなれないだろう。

天国

釣れさえすれば一発逆転のマグロ漁

過去には3億円超えのご祝儀価格 経費や税金で漁師の手取りは6割程度

年始の話題をさらうマグロの競り値。過去最高は19年の3億3360万円だ。20年以降は抑え気味だが、それでも1本1000万円をはるかに超える高額だ。ただ、漁師の手取りは思ったより低いのだとか。

新年の風物詩でもある東京豊洲市場でのマグロ初競り。2023年は3604万円の値がついた。ご祝儀相場とはいえすごい価格だ。

昨今の額高騰のきっかけの1つに外国勢の参入があると東京卸売市場の関係者は語る。

「香港の寿司キングと言われたリッキー・チェンが08年に一番マグロを競り落としたんです。かつてのご祝儀相場は適正価格の2割増しくらいだったんですけど、このあたりから初競りに関しては青天井になった」

12年に人気寿司チェーン店「すしざんまい（喜代村）」の社長・木村清が参戦。一番マグロの落札を日本勢が奪還する。

「そして13年、ついに1億5540万円。19

マグロ王は一本釣って億も!

マグロ初競り最高額　過去10年

年	落札者	重量	落札価格
2023年	オノデラグループ、やま幸	212kg	3604万円
2022年	オノデラグループ、やま幸	211kg	1688万円
2021年	オノデラグループ、やま幸	208kg	2084万円
2020年	喜代村	276kg	1億9320万円
2019年	喜代村	278kg	3億3360万円
2018年	オノデラグループ、やま幸	405kg	3645万円
2017年	喜代村	212kg	7420万円
2016年	喜代村	200kg	1400万円
2015年	喜代村	180kg	451万円
2014年	喜代村	230kg	736万円

オノデラ、やま幸連合VS喜代村の競り合いで価格は天井知らず。ただ喜代村は21年からコロナ禍で初競り参加を自粛しているという。今後復活すればまた億超えのマグロが登場する可能性もある

経費高騰で漁に行けない

年には3億3360万円とまさに桁外れの落札額となったんです」（同前）

気になる漁師の取り分だが、落札価格から卸会社に5・5％、漁協に同じく5・5％程が支払われる。運搬の費用などを差し引くと、漁師の手に渡るのは落札価格の約80％だ。さらにそこから所得税や住民税が引かれるので、最終的に残るのは落札額の60％程と言われる。

「ただ高騰のおかげで、養殖が以前より盛んになり、市場に出回るマグロの量が増えてきて、初競りのご祝儀価格以外は値段が上がりにくくなってます。そのため漁師の手取りは低迷気味。また燃料費やエサ代の高騰でやっていけなくなる人もいるんですよ」（同前）

漁に出れば短い睡眠時間と超の付く重労働、さらに現場は逃げ場のない大海原で危険もいっぱいだ。初競りばかりが注目されがちだが、我々が旨いマグロが食べられるのは、過酷な労働をいとわない漁師がいるからこそなのだ。

都心のタワマンを相続して黒字数千万円
田舎の実家は上モノ解体でマイナス

空き家率15％時代の相続問題

少子高齢化や地方の過疎化とともに、いま日本各地に空き家が増え続けている。それと同時に浮き彫りになっているのが、親から相続した土地や建物の「負動産」問題だ。遺産相続をめぐる「勝ち組」と「負け組」とは。

少子高齢化は様々な問題を引き起こしているが、そのひとつに「空き家問題」がある。全国の空き家数はこの30年間で倍増しており、総務省が5年ごとに調査している「住宅・土地統計調査」によれば、２０１８年の空き家は約８４９万戸で、空き家率は約13・６％。じつに７戸に１戸が空き家なのだ。しかも、そのうち４割以上が賃貸用住宅や売却用住宅ではない「その他の住宅」だ。つまり、相続後に子どもが住まず空き家になるケースが非常に多いのである。

不動産鑑定士が空き家問題を解説する。

「かつて親世代は静かな住環境を求めて都心から離れた郊外のベッドタウンに家を買いま

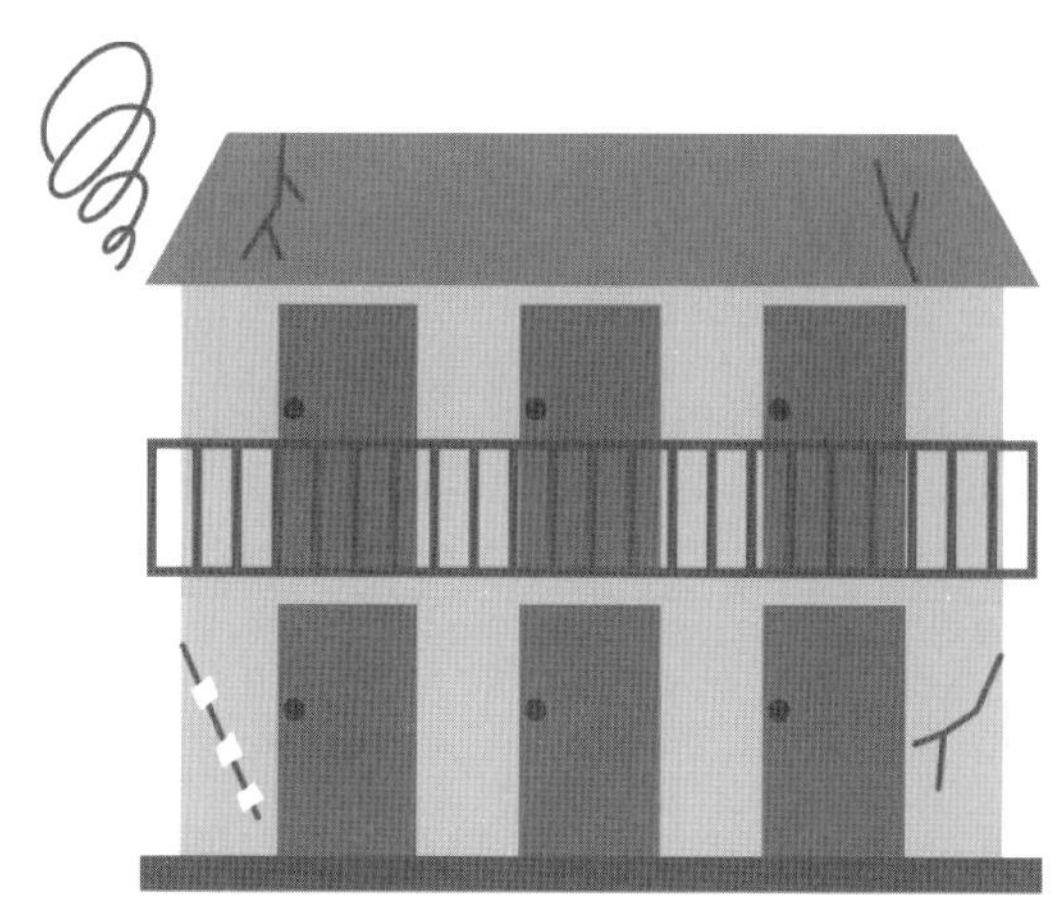

住宅は、一旦空き家になると傷むのも早い。１年もすれば住める状況ではなくなるという。「負動産」地獄を避けるには売買のスピードも大切なのだ

した。しかし、いまや『静かさ』より『利便性』のほうが価値のある時代。住宅地の公示地価を見ても、現在最も高いのは都心の赤坂や番町で、ひと昔前は高級住宅地の象徴とされ、そこに住むことがステータスだった田園調布などの地価は下落しています。そのため、『職場から遠いので住みづらい』『売っても損してしまう』といった理由から、相続しても空き家として放置するケースが全国で増えているのです。こうしたマイナス資産の不動産のことを『負動産』と言います」

相続した不動産が「資産」なのか、それとも「負動産」なのか、それによって文字通り天国と地獄に大きく分かれることになる。

たとえば、親が1億円で購入した都心にあるタワーマンションを相続した場合、将来的にマンション価格が上がる可能性が高く、間違いなく「資産」と言えるだろう。実際の評価額は少し低かったとしても、売れば数千万

値下がり知らずの〝富〟動産

天国

円の利益が見込める。

「タワマンは価値が下がりにくく、不動産のなかでも資産性がダントツに高い。さらに、中古戸建てはなかなか買い手を見つけることができませんが、立地のいいタワマンなら売却に困ることはありません。資産性とともに流動性も非常に高いのがタワマンの特徴です」（前出の不動産鑑定士）

その一方、郊外や地方の不便な場所にある中古戸建てを相続した場合は悲惨なことになる。そもそも買い手が少ないうえ、こうした一軒家は建物の老朽化が進んでいることが多く、買い手が魅力を感じる要素がほとんどない。実際にそうした〝負〟動産を相続した50代の男性は次のように嘆く。

「売却しようと地元の不動産屋に相談したら住所を聞いただけで、やってもいいけどたぶん仲介手数料の方が高くなると思いますよって言われて諦めました。空き家バンクに登録

都会のマンションは天国不動産になりやすい。こうした物件を相続すると未来は明るいのだが、親戚兄弟などとモメる確率は天国不動産相続のほうが高いのかもしれない（写真はイメージ）

全国の空き家状況

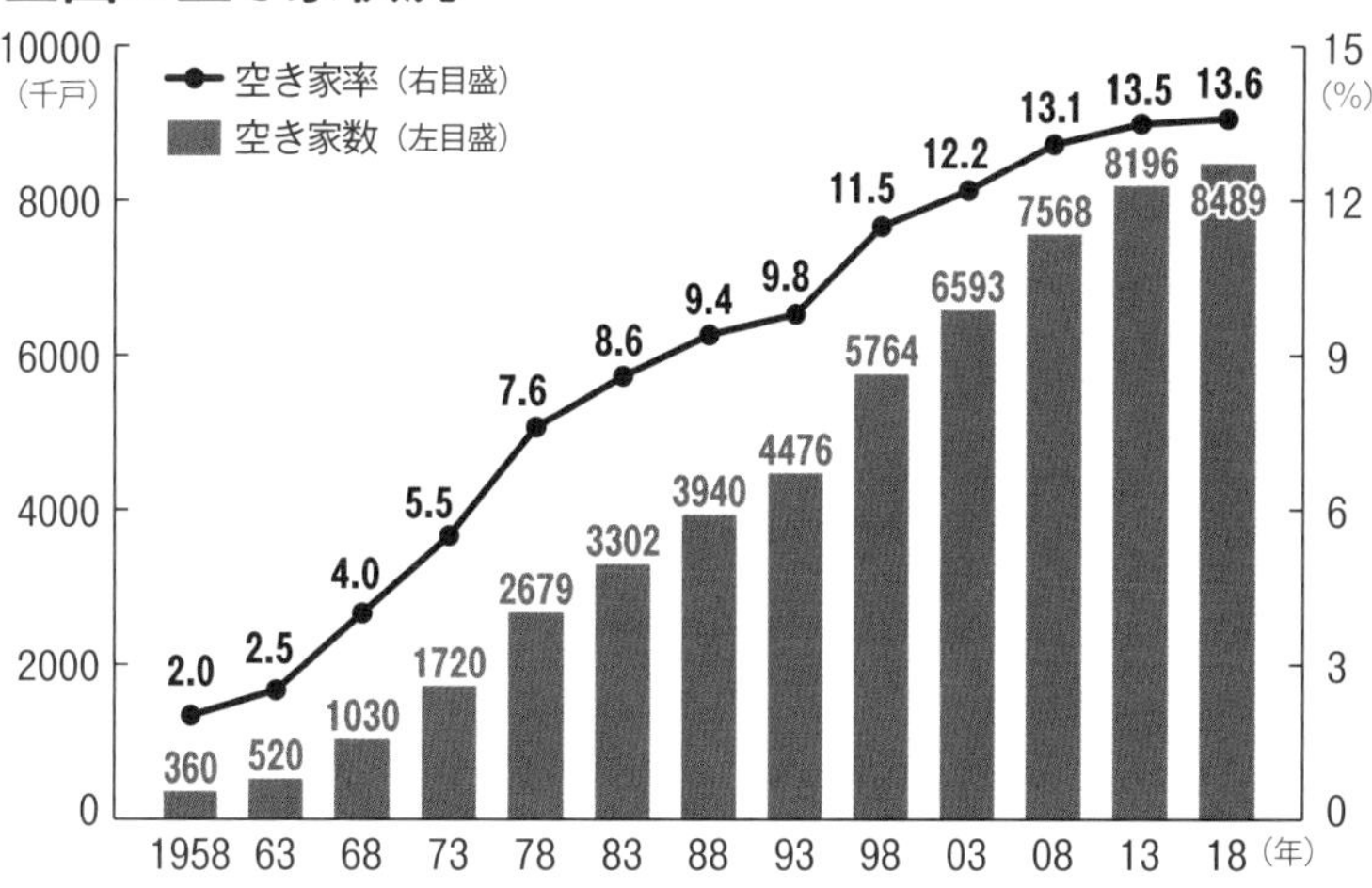

急激に増える空き家の数。多くが「負動産」となっていく運命だ。この数字は今後も増えていく。親が元気なうちに話し合っておくことがまずは大切だ（総務省統計局の資料より作成）

誰もいらない〝負〟動産

しているけど未だに売れてません。勝負の前から負けてる感じ。まさに〝負〟動産です」

前出の不動産鑑定士もこう言う。

「田舎の戸建てを売るのは至難の業です。不動産屋に相談しても『売れない』と断られることが多く、解体費用をかけて更地にし、運良く売却することができたとしても、相続税や諸費用を引いたらおそらく数百万円のマイナスになるでしょう」

売却以外には市町村や公益法人へ寄付する手もあるが、簡単ではない。件の物件が「負動産」なら自治体側に断られるケースもあるという。最近ではマイナス物件を専門とする不動産業者も登場し、「諸費用を負担してでも空き家を手放したい」との相談が急増しているという。

このまま少子高齢化と地方の過疎化が進んでいけば、ますます「負動産」が増え、空き家率15％超の時代がやってくるという。

実は知られていないお遍路の真実

一番札所・霊山寺は集客力抜群 八十八ヶ所格差の真実

弘法大師の御跡（みあと）を回る「四国霊場八十八ヶ所霊場めぐり」。現在はその敷居も低くなり、多くの観光客たちが霊場を訪れるようになったことで大きな商業イベントとなっている。となれば格差が生まれるのも免れない。

煩悩（ぼんのう）を取り除き、自分を見つめ直す修行の旅と言われている「四国霊場八十八ヶ所霊場めぐり」（以下、お遍路）。弘法大師といえば「空海」の名で知られる真言宗の開祖である。

その弘法大師ゆかりの地を巡るとはいえ、結局のところ寺も経営が命だ。全国の寺を見渡してみるとその経営手腕をいかんなく発揮している住職も多く見られるが、お遍路の場合は事情が少し異なる。お遍路事情に詳しい僧侶が教えてくれた。

「八十八ヶ所の寺は室町時代以降に定められたものでありますが、当然四国にはほかにも寺院はたくさんあります。しかし、お遍路の印象が強すぎてそれらの寺院の集客力は相対

菅笠や白衣、首にかける輪袈裟など、お遍路スタイルを上から下まで購入することができる札所も少なくない

的に低い傾向にあります。新たに八十八ヶ所の霊場に仲間入りできるわけもないので、お遍路さんの知られざる既得権益と言えますね」

だが、それ以上に注目すべきは八十八ヶ所の寺院の間にも大きな経済格差があるという事実だ。

「お遍路のスタート地点である一番札所の霊山寺には、当然多くの観光客が集まります。お遍路をするとなれば、ほぼ間違いなく一番の寺には行きますからね。徳島県の東側に一番から二十三番までの寺がギュッと固まっていますから、この辺りのお寺は恵まれていると言えます」

お遍路は順番通りに巡らなければいけないという決まりはない。地元の観光業界ではできるだけ全ての寺の魅力を発信し、八十八ヶ所全寺へ客の導線を作ることに力を入れている。各旅行代理店ではバスで手軽に霊場を巡

天国

グッズバカ売れの序盤寺

るツアーが多く販売されているのだが、その場合は「区切り打ち」といって複数回に分けてエリアごとに霊場を巡るツアーが主流だ。こうすることで各寺への客の呼び込みを図っているわけだ。

「おかげで満遍なくどの寺にも同じ数の客が訪れるかというと、そうでもないのです。区切り打ちでお遍路に参加した人たち全員が二回目、三回目とまた四国にやってくるとは限らない。序盤だけ巡って満足してしまう人も多い。立地の既得権益はやはり大きいのです」

お遍路グッズの爆買い

世間では数年前から「ご朱印ブーム」が起きている。お遍路では「ご朱印」ではなく「納経」と言い、札所1ヶ所につき300円と決められている。序盤の寺院、とりわけ一番の寺にこの売り上げが集まることは容易に想像ができる。だがそれ以上に八十八ヶ所の寺院の間に経済格差を生んでいるのが、お遍路グッズの売り上げである。

「お遍路をする際には白衣はもちろん、納経帳、輪袈裟（わげさ）、ろうそく、線香、数珠（じゅず）、お遍路笠、金剛杖などいくつものグッズを揃える必要があります。一式を揃えると総額で2万〜3万円はかかるでしょう」

事前にすべて買い揃えたうえで四国に上陸する人もいるが、人荷物で移動するのは大変だ。そのため、お遍路を始める寺院で諸々のグッズを購入する人が多いのだという。

「となるとやはり序盤のお寺がお買い物の場所に選ばれることが多くなりがちです。春や秋のお遍路シーズンになると、こうしたグッズの売店が大人気となります」

お寺の立地でご利益（りやく）が変わるわけではないが、お寺側からすると、ご利益（りえき）は変わってくるようだ。お遍路は、満遍なく全てのお寺を巡りたいものである。

四国八十八ヶ所マップ

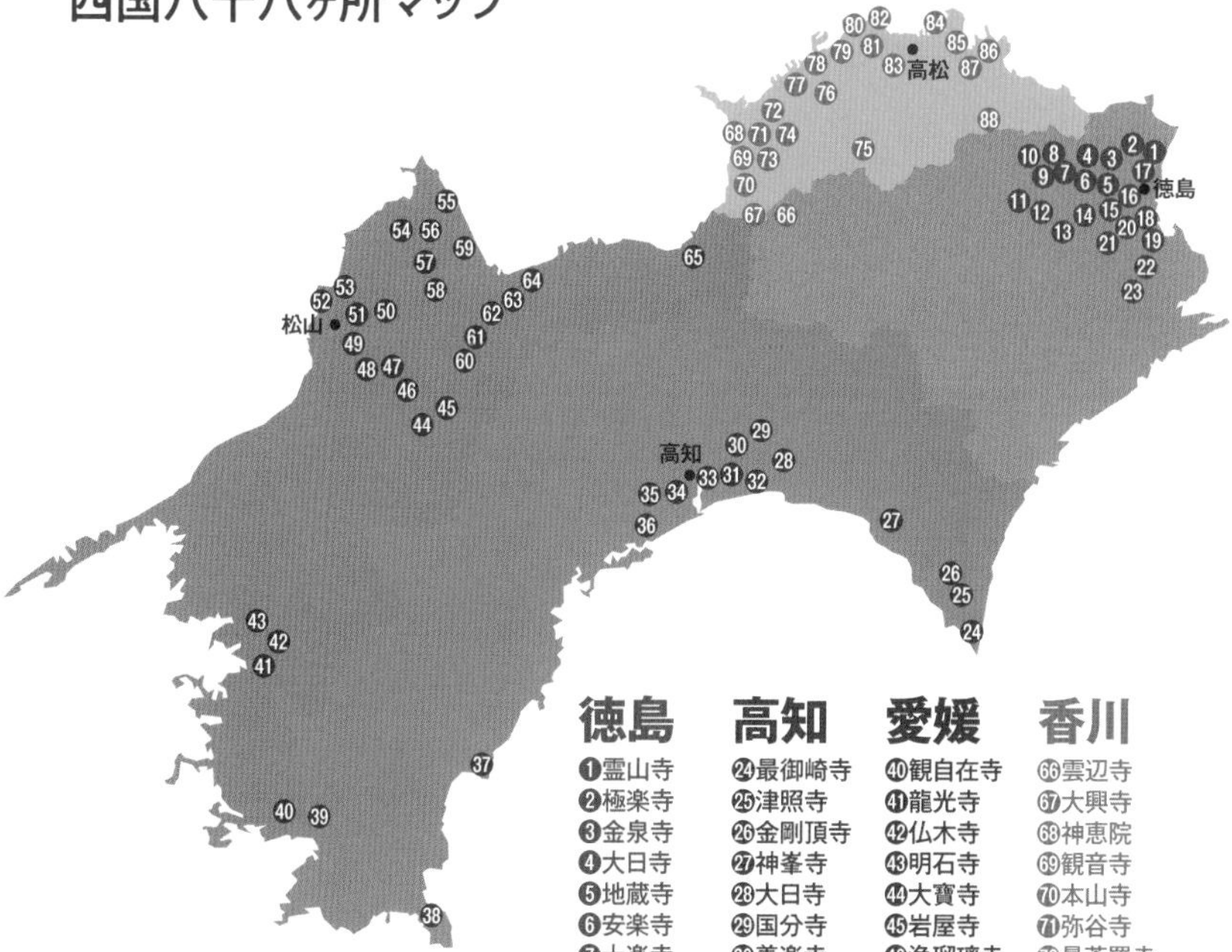

徳島

1 霊山寺
2 極楽寺
3 金泉寺
4 大日寺
5 地蔵寺
6 安楽寺
7 十楽寺
8 熊谷寺
9 法輪寺
10 切幡寺
11 藤井寺
12 焼山寺
13 大日寺
14 常楽寺
15 国分寺
16 観音寺
17 井戸寺
18 恩山寺
19 立江寺
20 鶴林寺
21 太龍寺
22 平等寺
23 薬王寺

高知

24 最御崎寺
25 津照寺
26 金剛頂寺
27 神峯寺
28 大日寺
29 国分寺
30 善楽寺
31 竹林寺
32 禅師峰寺
33 雪蹊寺
34 種間寺
35 清滝寺
36 青龍寺
37 岩本寺
38 金剛福寺
39 延光寺

愛媛

40 観自在寺
41 龍光寺
42 仏木寺
43 明石寺
44 大寶寺
45 岩屋寺
46 浄瑠璃寺
47 八坂寺
48 西林寺
49 浄土寺
50 繁多寺
51 石手寺
52 太山寺
53 円明寺
54 延命寺
55 南光坊
56 泰山寺
57 栄福寺
58 仙遊寺
59 国分寺
60 横峰寺
61 香園寺
62 宝寿寺
63 吉祥寺
64 前神寺
65 三角寺

香川

66 雲辺寺
67 大興寺
68 神恵院
69 観音寺
70 本山寺
71 弥谷寺
72 曼荼羅寺
73 出釈迦寺
74 甲山寺
75 善通寺
76 金倉寺
77 道隆寺
78 郷照寺
79 天皇寺
80 国分寺
81 白峯寺
82 根香寺
83 一宮寺
84 屋島寺
85 八栗寺
86 志度寺
87 長尾寺
88 大窪寺

ご覧の通り四国各地に散らばる八十八ヶ所の霊場。全長1300キロメートルの長旅だ。手軽に済ませようとすると、どうしても序盤の霊場に客足が集中する。頭から通して一挙に巡る「通し打ち」。全行程をいくつかに分けて巡る「区切り打ち」。八十八番目の霊場から巡る「逆打ち」など様々な巡り方がある

立地に恵まれないお寺も

天国

天地の分かれ目はゆるくない戦略にあった

関連商品売上1兆円の「くまモン」大金投入するも失敗するキャラも多数

地獄

ブームによって一部のご当地キャラが持て囃(はや)され、巨額の経済効果をもたらした一方、多額の税金を投じたものの日の目を見ずに消えていった数多のキャラクターたち。天国と地獄の分かれ道は一体どこにあったのか。

ご当地ゆるキャラの天国といえば、筆頭は「くまモン」だろう。2010年、熊本県のキャラクターとして誕生したくまモンの経済効果は、他と一線を画す。「ゆるキャラグランプリ2011」での優勝をきっかけに全国区になって以降、関連商品の売上高は年間1600億円、累計で1兆円を超えるという。

その人気は海外にも波及。国内ブームに追随する形で中国、韓国、タイなどアジア圏を中心にファンを獲得し、コラボイベントや商品を発売。億単位の経済効果を叩きだした。外国視聴者の目線や嗜好(しこう)に合わせて編集された海外向けYouTubeチャンネル「KUMAMON Global Officia

海外ファン獲得、売上1兆円

くまモン利用商品売上高の推移

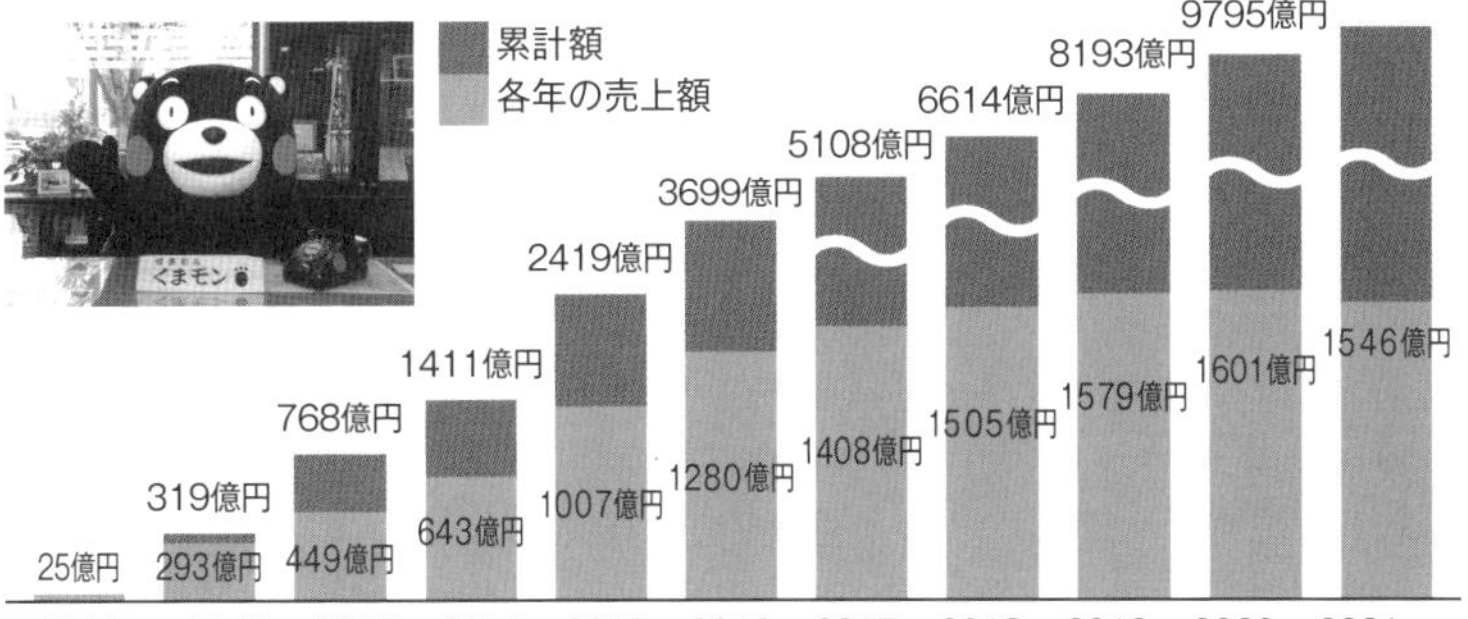

2010年3月の九州新幹線全線開業をきっかけに生まれた熊本県のPRキャラクターのくまモン。民間企業・団体が利用した商品等の売上高は累計1兆円超え。勝ち組ゆるキャラの筆頭だ（熊本県の資料より）

税金の無駄遣いと言われて

1」では400万回以上再生された動画もあり、その人気は緻密な計算や企画力のもとに成り立っている。

一方、ブーム以降に誕生し、箸にも棒にもかからなかったゆるキャラは地獄でしかない。16年「地方創生推進交付金」として年2000億円の交付が開始されると、ゆるキャラ開発が加速。その結果、全国で1700体以上のキャラが生まれたが、その多くがブームの火付け役と言われる「ひこにゃん（滋賀県彦根市）」や「ふなっしー（船橋市非公認）」のような知名度を得ることはできず、「税金の無駄遣いだ」と揶揄されることもあった。11年から毎年開催されていた「ゆるキャラグランプリ」も年々話題に上らなくなり、20年にひっそり幕を閉じている。

「第2のくまモン」を目指した奮闘も虚しく、スポットライトを浴びることなく消えていこうとしているゆるキャラは数知れない。

京都の文化財は年間5000万人集客 注目されすぎてトラブルに悩む土地も

現在、日本では25件

観光客誘致の大きな目玉となる「世界遺産」。現在日本では25件の文化財が世界遺産として登録されている。莫大な経済効果をもたらす福音ともなる世界遺産だが、景観を損なう凶報ともなる、まさに諸刃の剣のようだ。

世界遺産登録によって得られる経済効果は非常に大きい。２０１９年に世界文化遺産に登録となった「百舌鳥・古市古墳群」は、25年に大阪万博が控えていることもあり、約１０００億円の経済効果が見込まれている。

利益の源は世界中から訪れる観光客だ。11年に世界文化遺産に登録された「平泉―仏国土を表す建築・庭園及び考古学的遺跡群」の場合、登録翌年の12年には遺跡のある平泉町を訪れる観光客数が前年比78％増で、２６４万人を計上した。また京都は、日本の世界遺産で最も観光客数が多い土地だ。海外でも知名度が高く、06年の世界遺産登録後はさらに観光客数が増加。19年には7年連続で５０

世界遺産知名度トップ10

順位	名前	知名度	
1	**屋久島**（鹿児島県）	67.60%	九州本島最南端から南に約60km、東シナ海と太平洋の間に位置
2	**原爆ドーム**（広島県）	59.50%	第2次世界大戦末期に人類史上初めて使用された核兵器により、被爆。当時の姿のまま建ち続ける
3	**嚴島神社**（広島県）	54.40%	平安時代、鎌倉時代の建築様式を今に伝えていることを評価されて登録
4	**姫路城**（兵庫県）	53.80%	17世紀初頭の日本の城郭建築を代表する史跡建造物として評価を得ての登録
5	**富岡製糸場と絹産業遺産群**（群馬県）	51.90%	生糸の大量生産を実現した技術革新と、近代の絹産業に関することが評価された遺産
6	**白川郷・五箇山の合掌造り集落**（岐阜県）（富山県）	47.70%	合掌造りが数多く残り、現在も生活が営まれている集落として知られる
7	**法隆寺地域の仏教建造物**（奈良県）	44.70%	法隆寺地域の仏教建造物に見られる装飾美の素晴らしさや、アジアとの深い繋がりが窺われることが評価されて登録
8	**白神山地**（青森県）（秋田県）	42.20%	広大な白神山地のうち原生的なブナ林で占められている区域が登録されている
9	**知床**（北海道）	40.60%	流氷が育む豊かな海洋生態系と、原始性の高い陸息生態系は、ここにしかない美しさを作っている
10	**富士山ー信仰の対象と芸術の源泉**（静岡県）（山梨県）	37%	古代から霊峰として親しまれ、『富嶽百景』など、数々の芸術作品に取り上げられてきた

2021年7月現在、世界中で1154件の世界遺産が登録されており、このうち日本の世界遺産は25件。上の表は大手旅行代理店JTBの行った調査を基に作成

００万人を超えている。

このように莫大な経済効果の恩恵を十分に受けている世界遺産がある一方で、観光客数が伸び悩み、期待していたほどの経済効果が得られなかった世界遺産も存在する。

群馬県富岡市の「富岡製糸場と絹産業遺産群」は、世界遺産に登録された２０１４年は年間の観光客数が前年から5倍強の約１４０万人と、好調な滑り出しだった。しかし、目玉施設の保存修復工事が響いたのか、18年度には52万人にまで減少した。

逆に注目されることでの弊害もある。岐阜県と富山県にまたがる「白川郷・五箇山の合掌造り集落」では、観光客が地元民の家に勝手に上がり込むといったトラブルが続出した。「富士山」の観光ゴミの増加も深刻だ。

世界遺産登録で喜んでばかりはいられない。これが災いの呼び水となってしまうこともあるのだ。

「夢の国」の光と影

入場料アップでも千客万来ディズニー コロナ禍で極貧状態の地方遊園地

レジャーの定番として愛される遊園地やテーマパーク。しかし、長引くコロナ禍は、レジャー業界を二分した。超人気テーマパークがさらに力を付ける一方、地方の弱小遊園地は閉園。弱肉強食の時代に突入している。

様々な産業に影響を与えたコロナ禍。とくにレジャー関連は大打撃を受けた業界のひとつだ。

「2020年は、多くのレジャー施設が緊急事態宣言による休園や、営業再開後の入場規制を余儀なくされました。結果、約8割の遊園地・テーマパークの売り上げが前期比で半減。国内最大手のオリエンタルランドは、上場後初の赤字を計上しました」(経済ライター)

厳しい状況下で、同社が下した決断はディズニーリゾートのチケット価格の大幅値上げ。コロナ前は7500円だったチケットは現在、最大9400円となっている。通常、急激な

値上げ以降も大盛況

年間の入場者数上位施設

順位	施設名	都道府県	入場料	入場者数
1	東京ディズニーランド&シー	千葉県	有料	2900万8000人
2	ナガシマリゾート	三重県	無料	1550万人
3	刈谷ハイウェイオアシス	愛知県	無料	809万9000人
4	MEGA WEB	東京都	無料	769万人
5	淀川河川公園	大阪府	無料	594万1183人
6	おかげ横丁	三重県	無料	592万人
7	国営昭和記念公園	東京都	無料	393万9547人
8	ラグーナテンボス	愛知県	有料	265万4300人
9	ハウステンボス	長崎県	有料	254万7000人
10	新潟ふるさと村	新潟県	無料	220万2808人

無料の施設が多いなか、有料のディズニーがダントツのトップ。勝ち組の牙城はまだまだ続きそうだ。上の表は新型コロナウイルスの影響を受けていない2019年度のデータ。USJは非公表のためランク外とした（『レジャーランド&レクパーク総覧2022』を参照して作成）

コロナ打撃で閉園危機

値上げは客離れにつながるが、ディズニーリゾートは客足が途切れず、２０２２年に再び黒字に転換。顧客満足度をさらに上げるため、新アトラクションの建設に費用を投じる予定だという。チケット代の値上げ程度では、ディズニー帝国の牙城は崩れそうにない。

「一方、地方の遊園地は苦境が続いています。この2年で長野県にある遊園地・チロルの森が経営難により閉園。直近では、旅行会社のエイチ・アイ・エスが、長崎にあるハウステンボスを運営する子会社の株式を香港の企業に売却しました。エイチ・アイ・エスは主力の旅行事業の回復が遅れ、業績が悪化し続けているため、売却益を財務状況の改善につなげる予定だとか。ただ、施設自体も閑古鳥が鳴いている様子がＳＮＳに投稿されるなど、客足の面でも厳しい状況なのは確かです」（同前）

地方遊園地は夢や希望とかけ離れたシビアな現実に直面しているようだ。

結婚式の天国と地獄

「SNS映え婚」か「コスパ婚」か?

新郎新婦も安心・気軽な会費制
こだわり演出で高額ローンに追われる夫婦

人生の晴れ舞台とも言われる結婚式。本来なら誰にとってもおめでたい場のはずが、挙式披露宴のスタイルやその費用によっては天国から一転、地獄の新婚生活が待っている可能性もある。

結婚式は祝いの場であると同時に夫婦の金銭感覚や価値観の違いが浮き彫りとなり、格差を感じる場面でもある。たとえば両家ゲストの人数格差や親族からの援助格差、なにより式そのものにかかる費用格差だ。

47都道府県別の平均結婚式費用が最も高かったのは、意外にも千葉県の325万円。最下位は北海道で148万円と倍以上の差がついた。かつては過剰なスモーク演出やそびえ立つタワーのようなケーキなど「派手婚」の印象が強かった名古屋（愛知県）も、シンプルスタイルが好まれる時代の影響か平均246万円と控えめだ。

北海道は何故(なにゆえ)ここまで費用を抑えられてい

会費制結婚式でコスパ最高

平均結婚式費用ランキング

上位10	県名	金額
1	千葉県	325万円
2	鹿児島県	319万円
3	東京都	317万円
4	静岡県	299万円
5	山梨県	296万円
6	熊本県	289万円
7	群馬県	288万円
7	岐阜県	288万円
9	福岡県	284万円
10	高知県	277万円

下位10	県名	金額
38	三重県	242万円
38	長野県	242万円
40	秋田県	241万円
41	大阪府	239万円
42	宮崎県	238万円
43	鳥取県	230万円
44	香川県	217万円
45	和歌山県	205万円
46	島根県	199万円
47	北海道	148万円

並べてみると違いは明らかだが、結婚式の費用が低いからといって幸せの量が小さいわけではない。北海道のように「会費制」が浸透するコスパ意識の高さも影響しているのだ（「フコク生命の調査（2021年6月）」より）

るのか。その理由は「会費制結婚式」にあるようだ。全国的には約8割がご祝儀制結婚式を行っており、会費制結婚式を選ぶのはわずか5・1%。しかし北海道では開拓時代の相互扶助の精神から始まったものが今もなお引き継がれており、会費制結婚式を行うカップルが76・1%だ。会費は1万～2万円で設定される。ご祝儀制よりゲストの負担が少ないというメリットに加え、式の費用も抑えられるのだ。

一方、流行り（はや）の「SNS映え」にこだわって式を挙げた結果、料理や会場装花代が跳ね上がり、高額ローンに悩まされるカップルも。「100名招待して費用総額600万円以上。ご祝儀で半分は戻ったものの、残った300万円のブライダルローンで生活は苦しい。80回払いで支払い額は毎月約6万円。新婚生活がこんなスタートになるなんて」（32歳主婦）

身の丈（たけ）に合わない式を挙げてしまうと新婚早々、借金地獄が待っている。

参考文献

高田晃一監修『眠れなくなるほど面白い 図解 職業と給料の話』日本文芸社　２０２１年

給料ＢＡＮＫ×スタディサプリ進路『将来が見えてくる！日本の給料&職業図鑑Ｓｐｅｃｉａｌ』宝島社　２０２１年

『就職四季報 ２０２３年版』東洋経済新報社　２０２１年

宇佐美典也『30歳キャリア官僚が最後にどうしても伝えたいこと』ダイヤモンド社　２０１２年

馬屋原吉博『今さら聞けない！政治のキホンが2時間で全部頭に入る』すばる舎　２０１８年

ＮＨＫスペシャル取材班『地方議員は必要か 3万2千人の大アンケート』文藝春秋　２０２０年

『「警察組織」完全読本 新装版』宝島社　２０２０年

時任兼作『特権キャリア警察官 日本を支配する６００人の野望』講談社　２０１８年

別冊宝島編集部編『警察のすべて』宝島社　２０１５年

平木恭一『図解入門業界研究 最新銀行業界の動向とカラクリがよ～くわかる本［第6版］』秀和システム　２０２１年

『ＪＬＰＧＡ公式女子プロゴルフ選手名鑑２０２２』ぴあ　２０２２年

安彦考真『おっさんＪリーガーが年俸１２０円でも最高に幸福なわけ』小学館　２０２０年

村上雅則監修・友成那智編著『メジャーリーグ・完全データ選手名鑑２０２２』廣済堂出版　２０２２年

小倉健一『週刊誌がなくなる日－「紙」が消える時代のダマされない情報術』ワニブックス　２０２２年

中原一歩『マグロの最高峰』ＮＨＫ出版　２０１９年

朝日新聞取材班『朽ちるマンション 老いる住民』朝日新聞出版　２０２３年

髙橋かおる『9割の人が知らないＡＶ女優の裏事情：ＡＶ女優ってどんな仕事？適性や給料は？知られざるＡＶ女優の裏話』ＤＩＹ出版　２０２２年

大調査 こんなにあるんだ！
マネー格差の天国と地獄

2023年4月30日　初版第1刷発行

ニューノーマル研究会 編

発行者　川島雅史

発行所　株式会社 小学館
〒101-8001
東京都千代田区一ツ橋 2-3-1
電　話　編集 03-3230-5270
　　　　販売 03-5281-3555

印刷・製本　株式会社シナノパブリッシングプレス

Printed in Japan. ISBN978-4-09-307017-1

編集協力　株式会社清談社　ワンライフコミュニケーション株式会社
構　　成　押尾ダン、高梨猛、真島加代、片岡あけの、五木源、
　　　　　江戸川正、鶉野珠子、田中さと、大森義春
装丁　河南祐介（FANTAGRAPH）
DTP　ためのり企画